インド的思考

春秋社

MAEDA SENGAKU

前田專學

はしがき

インド思想は、紀元前一二〇〇年を中心に編纂されたと推定されるバラモン教の聖典『リグ・ヴェーダ』で幕を開いてから、じつに三二〇〇年余の歴史をもっている。その間にさまざまな思想が生まれた。なかには発展し、やがて消滅したものもあり、また今日にいたるまで連綿として継承されてきているものもあり、また外国からもたらされたものもある。

中国の儒教と並んで、わが国の思想史の形成に大きな役割を果たした仏教は、インドに生まれた思想の中で、主要な、しかしインドでは非正統派とみなされている流れの一つであるが、長いインド思想史のなかでは、紀元前五世紀から紀元後一三世紀にいたるまでの、輝かしい展開の軌跡を残して、インド思想界の檜舞台から姿を消した。

仏教に関しては、すでに数多くのすぐれた入門書がある。本書は、これまで紹介されることの少なかった、仏教以外のインド思想、とくにヒンドゥー教（バラモン教を含む）の、正統派とされている思想に焦点を当てた入門書となることを目指している。

しかし、ヒンドゥー教と仏教とは、血を分けた兄弟のようなものであり、共通の問題・共通の最終目的をもっている。本書の終章においては、両思想伝統の根底にあるものを探った。その意味では間接的に仏教への入門書ともなるかもしれない。

最近になって読者の方々から、本書の再版の希望が聞かれるようになった。本書を読み返しながら、出版当時、幸いにも中根千枝先生の目にとまり、一九九二年に各務財団から優秀図書表彰を受けたことを思い起こし、春秋社からの新装新版のお誘いを受けることとした。刊行にあたって、現在の時間的・身体的制約のために、参考文献の若干の補遺と、必要最小限の訂正・加筆に止めざるを得なかったが、しかし本書がインド思想への関心をいささかなりとも高める役割を果たすことができれば幸いである。

最後に、本書の新版刊行をお勧めくださった春秋社の佐藤清靖編集取締役に心からの謝意を表すると共に、同社の神田明会長、澤畑吉和社長、編集部の大成友果氏の温かい御配慮に衷心よりの謝意を表したい。

平成三十年四月二十三日

東方学院長　前田専學

目次

終章　インド思想の根底にあるもの

インド的思考

序章

インド思想へのいざない

一　インドの自然・言語・民族

インド、その風土

釈迦の生まれた国インドを思い描くとき、日本人は四季の変化をもち、穏やかな、優しい日本の自然・風土を下敷きにして、類推しがちであるが、これは大きな誤解を生む原因となる。しかし一方では、インドはつねに暑い国であるというように理解している人々も多いように思われる。このような人々は、四、五月ころ、首都デリーの空港に降りたって四〇度を越す焦熱地獄を経験するとき、その理解の正しさを実感することは、まず間違いないところである。

しかしその常識は、一月ころ、夜、同じ首都デリーの空港に降りたった途端に、音を立てて崩れる。雪こそ降ることはないが、摂氏三〜四度の寒さのため――最高二五・三度、最低二・二度――、冬のコートが必要であり、ホテルでは暖房が入っているほどなのである。その同じころ、デリーから飛行機で三～四時間飛んで南に下ったチェンナイ（マドラス）では、三〇度前後の、日本の真夏の暑さに二度びっくりすることになる。チェンナイのある友人が、「インドには三つの季節がある。ホット（暑い）、ホッター（より暑い）、ホッテスト（もっとも暑い）である」と冗談まじりにいったが、これは北インドでは、通用しない。

著者自身の体験からいって、日本人のもっているインドについてのもうひとつの常識によれば――インドは暑い国であるという常識と裏腹の関係にあると思われるが――、インドは、日本よりもはるかに南にあり、ときには赤道近くにあるものと考えがちではなかろうか。しかし地図で確認してみると、確かに最南端は赤道の近くにあるけれども、インドは、想像しているよりもずっと北にまでのびているのである。さきに言及した首都デリーにしても、奄美大島とおなじくらいのところにある。故ガンジー首相が軍隊を差し向けて攻撃させ、ついには暗殺される原因となったシク教徒の聖地であるアムリトサルは、デリーよりもさらに北にあり、日本の鹿児島・宮崎と、ほぼ同じ緯度にある。インドのスイスといわれる国際的に有名な観光都市シュリーナガルのごときは、広島とほとんど同じ緯度に位置している。ヒンドゥー教の聖地として日本でもたびたび紹介されるあのワーラーナシー（ベナーレス）は宮古島などよりも北にあるのである。

インドの思想は、インドの自然・風土のなかで生まれ、育まれ、三二〇〇余年の歴史をもっている。ここでは、インドの自然・風土などについて、ごく大雑把な素描をすることにしよう。ただし、この場合のインドは、インドが一九四七年にパキスタンとインドに分離独立する以前のインドを指している。すなわち現在のインドのみならず、パキスタン・イスラム共和国、バングラデシュ人民共和国、ネパール連邦民主共和国、ブータン王国、スリランカ民主社会主義共和国およびモルディブ共和国の七カ国を含むインド亜大陸、今日南アジアと呼ばれる地域を指している。

インドの東北は、世界の屋根ともいわれるヒマラヤ山脈の巨大な自然の障壁によって内陸アジアから護られている。西北は、ヒンドゥークシュ、スライマン、キルタールという三つの山脈によって西アジアから分離されている。南は、壮大な逆三角形のデカン高原となって、はるかインド洋の中に突出しており、西はアラビア海、東はベンガル湾に抱かれている。その総面積は、およそ四四八万平方キロに達し、日本の総面積の約一二倍、旧東側諸国を除くヨーロッパ大陸（四九四万平方キロ）の面積にせまる広大な空間を占めている。その人口は、世界の人口の約二三パーセントにあたる一七億七三〇六万人（二〇一八年現在）で、その中インドだけでも一三億五四〇五万人で、中国につぐ膨大な人口を擁している。ここを支配したイギリス人などが、この地域を「亜大陸」Subcontinent と呼んだように、インドはそれだけで一つのまとまりのある世界をかたちづくっている。

インドは、モザイク的な小さい地域に分かれる日本とは異なり、（1）ヒマーラヤ、カラコルム両山脈を盟主とする北部の巨大な山地（第三紀褶曲山脈列）、（2）その南に位置するインダス、ガンガー、ブラフマプトラの大河が貫流する肥沃な半円形の大沖積平野（インダス・ガンガー平原）、（3）平原の南のほぼ全域を占め、東に向かってゆるやかに傾斜する三角形の巨大な台地（デカン高原）という、三つの主要な部分からなっている。世界の屋根ともいわれる北部の巨大な山地は、中生代まではテチス海であったが、主として第三紀に入ってから、南半球にあったとされる仮想の大陸であるゴンドワナ大陸から分離し、北上したデカン高原の安定した陸塊が、ユーラシア大陸とぶつかって起こった褶曲作用の結果できあがったものと推定されている。

上記の三つの部分に加えるとすれば、第四の部分として海岸平野がある。半島の西端には、急峻な西ガーツ山脈が東北に走り、その山脈とアラビア海の間には、狭長なマラバール海岸平野がある。半島の東端には、ゆるやかな東ガーツ山脈が南北に横たわり、広大なコロマンデル海岸平野が続いている。

インドの東西は、中国に接するところから、イランとの国境まで、およそ三七〇〇キロ、その南北は、カシュミール北端からスリランカの南端まで、およそ三二〇〇キロに及び、千島列島の北端から日本列島・琉球をへて、台湾にいたるまでの距離にほぼ等しい。緯度的に言えば、北緯三七度――東京の緯度は三六度四〇分――から、北緯六度に達している。

インドの河川は、北インドの河川と南インドの河川とに分けられ、両者には本質的な差異がある。南インドの河川は、デカン高原の丘を水源としており、全面的にモンスーンによる雨水に依存しているために、雨の降らない乾季には、ほとんど河川の水が涸れてしまう。南インドで乾季になんの支障もなく旅行したところへ、再び雨季に行ってみると、乾季にはなかった川が突然思いがけなくできていて、橋もなく、渡れなくて困ることがあるのも、そのためである。他方、北インドの河川は、万年雪をいただく高い山脈中にその水源があり、モンスーンによる雨水にすべてを依存しているわけではなく、ヒマーラヤ山脈の雪解け水もあり、年中涸れることがない。

インドの人々の宗教生活にとって、水はきわめて重要な役割を演じている。ヒンドゥー教徒の、数えきれないほどある聖なる巡礼地をみると、その過半数は、河岸地、源流地、合流地という河川に関係するものである。それにさらに海岸を加えると、水辺と関係する巡礼地は全体の三分の二にものぼり、現代のヒンドゥー教徒の著名な巡礼地は、川を中心とする水辺に位置するといわれている。これはどちらかというと山を聖地と見なすことの多い日本の場合とは著しく異なっている。温暖な気候と水に恵まれた日本と、過酷な暑さと異常な渇水状態にあえぐインドとの、自然条件の相違からきているのであろう。

モンスーン型気候

インドの気候は、世界におけるモンスーン型気候の典型といわれている。インドの風物にさまざまの色彩を与え、人間の思考・活動・情緒・感性を支配している、インドをしてインド的な特色をもたしめているものの最大の要因の一つが、このモンスーン気候であるといってよいであろう。日本人の場合には、モンスーンといえば、梅雨などによってそれを連想するかもしれないが、インドのモンスーンは日本人の想像を越えた強烈な自然の営みである。

北インドに例をとれば、およそ三月から五月まではプレ・モンスーン季といわれる酷暑の時期で、とくにその末期がもっとも暑く、温暖な気候になれた日本人には堪え難い季節である。それに続いて、毎年六月早々、暖かいインド洋上を吹きわたって多量の湿気を含んだ赤道西風が、いわゆる南西モンスーンとしてスリランカに到来する。ついでインド半島の西海岸一帯に襲いかかり、西ガーツ山脈にぶつかってその斜面に滝のような豪雨を降らせ、海岸には山のような怒濤が押し寄せては砕け、空には絶えず暗雲が流れ飛び、すさまじい自然の活劇をくりひろげる。

この南西モンスーンは次第に東部に、北部に拡大し、七月までには全インドがその舞台となる。これが南西モンスーン季（雨季）で、酷暑と乾燥にあえぎ、痛めつけられていた生物は生気を取り戻す時期であり、その持続期間は土地によってことなり、デリー周辺では六月下旬から九月中旬までである。年降水量も場所によって異なり、デリー周辺では約七〇〇ミリであるが、マラバール海岸南端部では三〇〇〇ミリ以上に達する。（ちなみに東京の年降水量は一六八〇ミリである。）南西モンスーン季がもっとも代表的であり、単にモンスーン季という場合には、この南西モンスーン季を指していることがある。

やがて一〇月中旬を過ぎるころ、デリー周辺では気温も降水量も急速に低下し、ポスト・モンスーン季を迎える。一一月の声を聞くころには、気温は摂氏二五度以下になり、インド旅行の好シーズンを迎えることになる。一月になると、南西モンスーンとは風向が反対の北東モンスーンが訪れ、北東モンスーン季を迎え、二月ころまでつづく。このモンスーンはヒマーラヤ山脈にさえぎられてしまい、南西モンスーンに比べて弱く、風速は約半分にすぎない。また海に向かって吹くので、全インドを通じてこの季節は大体雨がなく、乾季となる。しかし、ベンガル湾を通過した北東モンスーンが吹く南インドの南東部やスリランカの北東部ではかなりの雨をみるようである。

このような季節の移り変わりは、いろいろな形でインド人の生活に強い影響を与え、さまざまな祭祀・宗教・文学などとも深く関わり合っている。雨季の近づくのを知らせる雲が北へ向かって進むのを見て、ヒマーラヤ山中に残した愛妻を思うあまり、その雲に音信を託して、やがて再会の日の来ることを告げさせる、繊細な叙情をあますところなく描くカーリダーサ（Kālidāsa, 四〜五世紀）の傑作『雲の使者』や、夏・雨季など六季節の自然の風景と恋愛の情緒を結びつけて歌う『季節のめぐり』などはその好例であろう。

このような自然環境のなかに住むインドの諸民族、そしてかれらが話す言語もまた複雑な様相を呈している。北インドの俚謡に「四里ごとに水が変わり、八里いけば言葉が変わる」といわれ、日常生活に二、三の言語ができるのが望ましいというような状況は、日本人には、なかなか理解しがたいことが多い。

インドの言語

一九七一年に行なわれた国勢調査によると、話者人口百万人以上をもつ母語として、三三の言語が使用されており、話者人口五千人以上の言語となれば、実に二八一の多きにのぼる。しかもいまだに統一的ないわゆる「国語」が成立せず、インド憲法には、インドの公用語として「とくに発展・普及させるべき」言語が一五言語も列挙されているのである。

インドの諸言語の系統に注目してみると、相互にことなる四つの系統が見出される。すなわち、ほぼ東西にはしるヴィンディヤ山脈を境界線として、北インドにはヒンディー、ベンガーリー、マラーティーなど、西洋諸語と親類関係にあるインド・アーリア系諸語が用いられている。それに対して南インドでは、テルグ、タミル、マラヤーラム、カンナダなど、それとは全く系統を異にするドラヴィダ系の諸語が使用されている。このうちタミル語は、国語学者の大野晋氏が日本語の起源であるという説を主張して、一時話題を提供したことがある。

これら二つの系統が圧倒的に優勢であるが、この他に、主として北部と東北部国境に近い山岳地帯の少数民族が使用するラダーキー、ネワーリー、マニプリー、かつて日本語と同系とされて喧伝されたレプチャなどを含むシナ・チベット系の諸語と、ビハール、西ベンガル、オリッサの三州にまたがる山地に住むムンダー、サンタール等の諸族が語るオストロ・アジア系の諸語が存在する。しかしインド共和国においては、インド・アーリア系の言語の話者人口が約七四パーセント、ドラヴィダ系のそれが約二五パーセントにも達するのに対し、シナ・チベット系の諸語の話者人口は、インド共和国の人口の僅か〇・七三パーセントにすぎず、オストロ・アジア系はそれよりやや多いが、一・五パーセントにとどまる。

これら四つの異なる系統の言葉を語る異なる諸民族が、いかにして、どこから、またいつインドにやってきたのか、今日のわれわれには詳細は不明である。

比較的事情が分かっているのは、おそらく一番新しくインドにやってきた、もっとも支配的なインド・アーリア民族についてである。インド・アーリア系の言語は、いわゆるインド・ヨーロッパ語族に属する言語であり、インド・アーリア民族は、現在の西洋人と同じ祖先にさかのぼることができる民族である。しかしその祖先、すなわちインド・ヨーロッパ共通基語を話していた民族が、元来どこに住んでいたのか、いまだ定説がない。しかし近年、カスピ海の北、コーカサス山脈の北方地帯に居住していた遊牧民とする説が比較的有力である。

かれらはある時期、移住を開始し、一部は西進してヨーロッパ諸民族となったらしい。他の一部は東進して、アジアに入って、インド・イラン人と呼ばれ、その一部は紀元前一五〇〇年ころ、ヒンドゥークシュ山脈を越えてインドに進入し、インド・アーリア民族と呼ばれ、パンジャーブ地方に定着して、バラモン教の最古の聖典『リグ・ヴェーダ』を編纂し、インド・アーリア系の諸語を発達させた。

他の一部は、途中で西進し、メソポタミア地方に移住して、紀元前一七〇〇〜一四〇〇年ころ、ミタンニ王国を築き、さらに他の一部はイランに入って定住し、アーリア系のイラン民族となり、ゾロアスター教の聖典『アヴェスター』を産み、古代ペルシャ語を発展させた。

ドラヴィダ民族については、最近学者の注目をひき、急速に研究が進められているが、現在のところ、かれらの先祖たちは、紀元前三五〇〇年ころに、イラン東部の高原からインド西北の平野部に山を下ってやってきたらしい。かれらのインド文化への貢献は大きなものがあり、かつてのインド研究のように、ドラヴィダ民族を無視してインド文化を論ずることは不可能といってよいであろう。

本書は、これら諸民族が、およそ三〇〇〇年にわたって、上述したような自然環境のなかで、営々としてインドにおいて産みだした思想・宗教とはどのようなものであったかを知るための道標となることを目指している。

二　インド思想のながれ

一九二一年にインダス河の流域において本格的な発掘が開始され、紀元前二三〇〇〜一八〇〇年を中心に、モエンジョ＝ダーロとハラッパーを二大中心地として、高度に発達した都市文明が栄えていたことが明らかとなった。このインダス文明は、シュメール文明との類似性が指摘されていたが、最近はインダス文明で使われていた文字の言語の研究が進められ、その言語は現在、主として南インドに居住するドラヴィダ民族の祖先が使用したドラヴィダ語であるという説が有力となった。しかしいまだ解読にはいたっておらず、インダス文明の思想や宗教について確実なことはなにも知ることができないのが現状である。

この文明の終末とほぼ同じころに、インド・アーリア人がヒンドゥークシュ山脈を越えて西北インドに進入し、色のやや黒く、鼻の低い先住民を征服して、この文明の遺跡の近く、パンジャーブ地方に定着し、『リグ・ヴェーダ』を編纂した。これがインド思想史の幕開けである。

インド思想の歴史的展開を叙述するためには、正確な年代が必要となる。しかしインド的思惟は非歴史的であり、年代を正確に記した資料に乏しく、時代区分も確定していない。ここでは一応その展開を、古代（紀元前一二〇〇～後六〇〇）、中世（六〇〇～一八〇〇）、近・現代（一八〇〇～）に区分し、さらに古代を第一期（紀元前一二〇〇～後一二〇）と第二期（一二〇～六〇〇）に、中世を第一期（六〇〇～一二〇〇）と第二期（一二〇〇～一八〇〇）に分けて、概観することにしたい。

古代第一期――哲学的思惟の形成

この時代の思惟は神話的要素を多分にもち、まだ体系を形成するにいたっていないが、きわめて活発であるばかりではなく、後代のインド思想の源泉をなしている。その意味で哲学的思惟の形成の時代ということができるであろう。

この時代は、紀元前一二〇〇年を中心に編纂された『リグ・ヴェーダ』によって幕を開く。その後、紀元前五〇〇年ころまでに主要なヴェーダが編纂され、バラモン教の根本聖典が整備された。『リグ・ヴェーダ』の宗教は本来多神教であるが、やがて神々をも超越した唯一の最高神あるいは根本原理の探究にむかい、一神教的あるいは一元論的思想の萌芽が現われた。

紀元前五〇〇年ころを中心に成立し、ヴェーダ聖典中哲学的思惟の極致を示すウパニシャッドの時代になると、祭式や最高神への関心は薄れて、宇宙の根本原因として非人格的な一元的原理を探究するようになった。その結果到達されたもっとも重要な原理は宇宙の根本原理ブラフマン（梵）と個人存在の本体アートマン（我）とであり、ウパニシャッドの中心的教義は、この両原理が全く同一であるとする梵我一如《ぼんがいちにょ》説であるといわれる。後代のインド思想の主要な性格を決定する業・輪廻・解脱の思想もウパニシャッドにおいて明確化された。

紀元前五世紀ころになると、社会的大変動が起こり、反バラモン教的な自由思想家（沙門）が輩出したが、なかでもマハーヴィーラはジャイナ教を、ゴータマ・ブッダは仏教を創始した。紀元前四世紀にマウリヤ王朝が全インドを統一、仏教はアショーカ王の帰依を受け、インド全体に広がり、さらに南アジア諸国に伝播したが、その時代に二派に分かれ、その後も分裂を重ねた。

他方一般民衆のあいだには徐々にヒンドゥー教が形成されて、膨大な量の聖典が編纂された。このようなヒンドゥー教の形成と呼応するかのように、仏教でも紀元前一世紀ころから大乗仏教運動が起こり、かれらは旧来の保守的仏教を小乗仏教と蔑称し、般若経典など、日本の仏教に大きな影響を与えて来た膨大な大乗経典を編纂した。

この第一期には、哲学的思索は活発であったが、まだ体系を形成するにいたらなかった。

歴史的にみると、クシャーナ王朝（六〇～二〇〇ころ）からグプタ王朝（三二〇～五四〇）にかけての時代であり、ヒンドゥー教を国教とするグプタ王朝において、仏教はなお発展をつづけたものの、相対的にその勢力は低下し、かわってヒンドゥー教が勢力を伸長する時代である。この時期は正統バラモン教の側においてのみならず、仏教の内部においても、主要な哲学体系の確立と展開が見られる時代である。

諸体系のうち、ヴェーダの権威を認めない唯物論・仏教・ジャイナ教は非正統派とされ、その権威を認めるサーンキヤ学派などは正統派とみなされている。

この時代の部派仏教の体系としては、説一切有部《せついっさいうぶ》が有力で、七五のダルマ（存在の要素）の体系を確立し、原子論を唱えた。大乗仏教では、龍樹が空《くう》を強調して、説一切有部のダルマ実有論を攻撃し、中観《ちゅうがん》派の始祖とされた。また、無着・世親によって確立された瑜伽行《ゆがぎょう》派は、唯識説を主張し、三性《さんしょう》説によって存在の真相を明らかにしようとした。この派では、陳那など卓れた仏教論理学者が活躍した。またすべての衆生には如来となる仏性があるとする如来蔵《にょらいぞう》思想も現われた。

他方、正統バラモン系統の体系としては、六つの代表的な学派が成立した。そのうちサーンキヤ学派は、純粋精神と根本物質の二元論を主張し、それと密接な関係にあるヨーガ学派は、ヨーガの実践を本領としている。また論理学を主要な関心事とするニヤーヤ学派は、実体・属性など六つの範疇をたてて現象界の構成を明らかにしようとするヴァイシェーシカ学派と姉妹関係にあり、一四世紀ころには両学派は融合する。

ミーマーンサー学派とヴェーダーンタ学派とは、ともにヴェーダを知識根拠とするが、前者はヴェーダに規定されている祭祀・儀礼の意義を哲学的に研究する学派であるのにたいして、後者はウパニシャッドの主題であるブラフマンの研究を目指し、一元論を主張する学派である。後者は後代多くの学派に分かれるが、インド思想界の主流を形成して今日にいたっている。

以上の六派哲学のほかに、文法学派の長い伝統を踏まえて、五世紀後半にバルトリハリが語ブラフマン論を主張し、言語哲学に新生面を開いた。さらにジャイナ教においても、体系化が進み、七句表示法などが確立した。

中世第一期――中世的宗教思想の発達

古代には無神論的な諸体系が成立・発展したのに対して、この時期（六〇〇～一二〇〇）には、バクティ（bhakti, 信愛）を強調する有神論的な中世的宗教思想が発達する。

　この時代には、仏教とジャイナ教が、その基礎となっていた商業資本の没落とともに衰退をつづけ、農村に基盤をおくヒンドゥー教が著しく伸長した。古代に確立した諸体系には大きな飛躍はない。しかし注目すべきは諸学派、とくにニヤーヤ学派と仏教によって論理学がさらに精密化されたことと、ヴェーダーンタ学派のシャンカラが不二一元論を唱導して、将来インド思想界の主流となっていく基礎を固めたことである。

　この時代を特徴づけているのは、ヒンドゥー教の諸宗派と密着した哲学学派ないし宗派の興起と隆盛である。すなわち、シヴァ聖典派、カシュミール・シヴァ派などのシヴァ教系統の諸派、バーガヴァタ派などのヴィシュヌ教系統の諸派も活躍する。さらに現世を肯定し、女性原理シャクティなどを特徴とするタントリズムの成立もこの時代である。仏教は八世紀以降、密教化の傾向を強め、独自性を失い、ついに一二〇三年イスラーム勢力によって消滅した。

中世第二期――イスラーム教の浸透と思想の変容

　イスラームのインド侵入は八世紀ころまでさかのぼることができるが、はじめはインドの思想・文化にほとんど顕著な影響を与えるものではなかった。しかし一一世紀以降は次第に大きな影響を与えはじめ、一二〇六年インドに初めてイスラーム王朝（奴隷王朝、一二〇六～一二九〇）がデリーに成立して以後は、異質の思想・文化がヒンドゥー教の伝統のなかに徐々に溶け込み、イスラーム教の浸透と思想の変容の時代（一二〇〇～一八〇〇）を迎えた。

この時代の伝統的諸学派においては、一二世紀にラーマーヌジャが、一三世紀にはマドヴァなどが、ヴィシュヌ教をヴェーダーンタ哲学によって基礎づけ、ヒンドゥー教を理論的に武装した。一五～六世紀になると、イスラーム教とヒンドゥー教の融合の傾向が顕著となり、ヒンドゥー教徒のあいだに、時流に即した新しい宗教思想運動が起こり、近代的思惟の萌芽を示すものもあった。ヴァッラバは純粋不二一元論の立場から現実世界を肯定し、ヒンドゥー教を世俗化した。ラーマーナンダは男女の平等を唱え、カーストを批判し、その弟子でイスラーム教の影響を受けたカビールもカーストの打破を叫び、ヒンドゥー教徒の偶像崇拝を攻撃した。かれの影響下でナーナクは、ヒンドゥー教徒でもイスラーム教徒でもない立場でシク教を創始した。

アクバルが即位した一六世紀後半ごろから顕著となったイスラーム教とヒンドゥー教の融合の動きはダーラー・シコーにおいて頂点に達したが、かれの非業の最期とともに、ムガル王室の折衷融合主義的傾向は急速に衰退した。

一八五八年インドは、イギリスの直轄植民地となり、キリスト教の伝播や英語教育の普及などによって、西洋文明との接触と思想の変革時代を迎えた。一九世紀に新設された諸大学では、西洋の思想、とくにイギリスにおける経験主義的、博愛主義的、不可知論的哲学が紹介された。これは世俗的・合理的な考え方を助長、社会的・宗教的諸運動を刺激した。

一八二八年ラーム・モーハン・ローイが設立したブラフマ協会が、ヒンドゥー教の近代化と宗教改革運動の先駆となり、ダヤーナンダ・サラスヴァティーのアーリヤ協会などが後につづいた。不可触民からの宗教・社会改革運動としては、南インドのナーラーヤナ・グルのシュリーナーラーヤナ法普及協会の動きも活発であった。また外来の神智協会の活躍も看過しえないものがあった。他方、ラーマクリシュナとラマナ・マハルシは、近代化・西洋化の風潮のなかにありながらも、ひたすらヒンドゥー教の伝統を自ら体現し、偉大な聖者として、インドのみならず、西洋の人びとにも大きな影響を与えた。

一八七〇年代ころからは、ナショナリズムの高揚を背景に、西洋的教育を受けて、西洋の宗教・倫理・社会・政治的価値をヒンドゥー教に同化させたネオ＝ヒンドゥーとも呼ぶべき人々が活躍した。なかでも、ラーマクリシュナの弟子で、ラーマクリシュナ・ミッションを設立したヴィヴェーカーナンダ、近代インド最大の哲学者オーロビンド・ゴーシュ、インド独立の父マハートマ・ガーンディー、思想家としてよりも詩人として高名なタゴール、東西の比較哲学への機運を促したラーダークリシュナンなどが指導的役割を演じた。イスラーム教では、イクバールが、当時進むべき道を失っていたムスリム知識階級に、やがてパキスタン建国の運動を起こさせる道を開いたのである。

第一章

宇宙生成論

一　宇宙の生成

宇宙はどのようにして成立したのか、という問題は、人類にとって古くして新しい課題である。「ビッグ・バン」とか「ブラック・ホール」といった言葉は、われわれの想像力をいやがうえにもかき立てる魅力がある。

宇宙の成立を解明しようとする思惟は、はやくも原始人の詩文のなかにあらわれ、エジプト、バビロニア、ギリシャ、中国においては、原始的哲学的思惟が宇宙生成論としてあらわれた。インドにおいても同じように、紀元前一二〇〇年ころを中心に編纂されたと推定されている、インド最古の文献『リグ・ヴェーダ』のなかに、素朴な形の宇宙の生成についての思弁がみられる。『リグ・ヴェーダ』は、長い年月の間に徐々に現在の形を整えたと推定されている。そのなかに見られる宗教の本質は多神教である。太陽神スーリヤや暴風神ルドラのように自然界の構成要素や自然現象を神格化したごく素朴な自然神から、高度に発達した宇宙の根本原理に対する思弁までも含んでいる。

多神教の世界にあきたらなくなった『リグ・ヴェーダ』の詩人たちのなかには、多数の神々を超越した最高神を求め、その神による宇宙の創造を説くものもいた。とくに『リグ・ヴェーダ』のもっとも新しい層の代表と考えられている第一〇巻には、宇宙の創造を組織的に説明しようとする若干の讃歌が見られる。

例えば、天地は創造神ヴィシュヴァカルマンが建造したと説いているものや、同じく創造神である祈禱主ブラフマナス・パティが、ちょうど鍛冶工のように、ふいごで風をおくって一切万有を創造したと説明している讃歌もある。また創造神が「黄金の胎児」として現われ、万有の唯一の主宰者となり、天地を確立したとして、いわば生物の出生になぞらえて説明している讃歌もある。

これらの讃歌の創造観は一神教的であり、神が宇宙の創造者となっているが、『リグ・ヴェーダ』の最終期に属すると思われる讃歌には、汎神論的な創造観が見られる。これらの創造説が後世のインド思想に与えた影響は大きく深いものがあるので、つぎにそれを見てみよう。

二　原人解体による宇宙の創造

汎神論的な宇宙創造観を示しているのは、有名な『リグ・ヴェーダ』の「プルシャ（原人）の讃歌」（一〇・九〇）である。この讃歌によると、宇宙の創造を行なう主体は神々であるが――この意味で厳密には汎神論的創造観とはいいがたい――、かれらはこの千の頭、千の眼、千の足をもっている原始的巨人の身体を供物として祭祀を行ない、この原人の身体という材料を解体して宇宙を創造するのである。

一　原人は千の頭があり、千の眼があり、千の足があった。かれは、あらゆる方角にわたって大地を覆い尽くして、なお十指の長さを残して立っていた。

二　原人は、すでにありしものおよび未来にあるべきもののこの一切である。またかれは不死界（神々）の支配者であり、〔祭祀の?〕食物によって、それを超えて成長した。

三　かれの威力は、かくのごとくである（＝これほど大きかった）。また原人は、それよりもさらに偉大である。かれの四分の一は一切の存在である。かれの四分の三は天にある不死者である。

四　原人はその四分の三なるものとして上方に上った（＝不死者の世界にいたった）。この世におけるかれの四分の一は〔根源から離れて〕ふたたび有となった。それから、かれはあらゆる方向に分かれ出でて、食する者および食せざるものとなった（すなわち地上的な四分の一から、有心の生きものおよび無心の事物があらゆる方向に現われ出たという）。

五　かれから〈照らす者〉（virāj）が生まれ、〈照らす者〉から〔開展せる〕原人が生まれた。かれが生まれたときに、大地を越えてひろがった。――前方にも後方にも。

六　神々が原人を犠牲獣として祭祀を実行したときに、春はその溶けたバターであり、夏はそれの薪であり、秋はそれの供物であった。

七　〔世に〕最初に生まれた原人を犠牲として、敷草の上に水を灌いで浄めた。かれをもって、神々は祭祀を行なった。サーディア神族（Sādhya）も詩聖たち（ṛṣayaḥ）も〔同様に祭祀を行なった。〕

八　完全に献供されたその犠牲獣から、酸酪が集められた。それは、空中に住む獣、森に住む獣、村に住む獣どもをつくった。

九　完全に献供されたその犠牲獣から、もろもろの讃歌（ṛcaḥ）ともろもろの旋律（sāmāni）

とが生じた。もろもろの韻律（chandāṃsi）はそれから生じた。祭詞（yajus）はそれから生じた。

一〇　それから、馬ども、およびおよそ〔上下に〕二列に歯のある〔獣ども〕が生まれた。牛どもは、それから生じた。山羊どもと羊どもとはそれから生まれた。

一一　かれら（神々）が原人を〔宇宙的な祭祀における犠牲獣として〕切り刻んだときに、いくつの部分に分割したのであるか？　かれの口はなにになったのか？　かれの両腕はなにになったのであるか？　かれの両腿、かれの両足はなんと名づけられたのであるか？

一二　かれの口は、バラモン（brāhmaṇa）であった。かれの両腕は、王族（rājanya）とされた。かれの両腿は、庶民（vaiśya）とされた。かれの両足からは隷民（śūdra）が生まれた。

一三　月はかれの思考機能（manas）から生じた。〔かれの〕眼から太陽が生まれた。〔かれの〕口からはインドラとアグニとが生まれた。〔かれの〕息から風（vāyu）が生まれた。

一四　〔かれの〕臍からは空界（antarikṣa）が生じた。〔かれの〕頭からは天界（dyaus）が展開し、〔かれの〕両足からは大地が展開し、〔かれの〕耳からはもろもろの方角（diśaḥ）が展開した。このようにかれら（神々）はもろもろの世界を形成した。

一五　祭祀を執行しつつある神々が原人を犠牲獣として〔祭柱に〕縛りつけたときに、かれの〈祭火を囲む木片〉(paridhi) は七本であった。火をつける木片は七個の三倍つくられた。

一六　神々は祭祀(犠牲獣)によって祭祀を執行した。それらは最初の規範であった。それらの威力は天空(nāka)におもむいて、往昔の神々、サーディヤ神族のましますところにいたった。

(中村元『ヴェーダの思想』四二〇～四二二ページ)

原人プルシャは、千の頭、千の眼、千の足をもっていて、大地を覆ってさらに十指――どのくらいのことをいうのであろうか?――余りがあるほど巨大であり、過去にあったものおよび未来に存在するはずのものをも含めた一切万有である。かれは神々の世界も人間の世界も生物の世界をも支配する。一切万物はかれのわずか四分の一に相当し、彼の四分の三は目に見えない天界にある不死者であるという。その四分の三をもって上方の不死者の世界に昇り、かれの地上的な四分の一から人間を含む生物や無生物があらゆる方向に現われ出たと述べている。

神々がこの原人を供物として、犠牲獣として、祭祀を行なったとき、原人から、讃歌・旋律・韻律・祭詞が生じ、さらに馬・牛・山羊・羊その他の獣が生まれたという。また月・太陽のみならず、有力な武勇神インドラや火神アグニも生じ、風・空界・天界・方角も生まれたと述べている。

さらにまた、原人を分割したときには、その口からバラモン、両腕から王族、両腿から庶民、両足から隷民が生じたとしている。ただし、ここにはバラモン、王族、庶民、隷民への言及があるものの、まだヴァルナ制度（varṇa, 四姓制度）という言葉は用いられてはおらず、単に職業の別に言及しているにすぎないのであろう。四姓制度が形を整えたのは、農耕社会が確立した後期ヴェーダ時代（紀元前一〇〇〇～六〇〇年ころ）で、場所は現在のデリーの東に当たる、ガンガー河とヤムナー河という二つの河の間の地域であるドアープ地方であると推定されている。

このような巨人解体の神話は、世界のあちこちで類話がみられるが、この『リグ・ヴェーダ』の創造神話は、北欧スカンジナヴィアのエッダ神話のうちのイミル（Ymir）神話や中国の盤古神話などとともに、「世界巨人型」の創造神話の代表的なものの一つとされている。

イミル神話によると、イミルは世界最古の存在であったが、かれはオージンとフィリとフェーという三柱の兄弟の神によって殺されて、かれの屍体は深淵のなかに投げこまれた。するとかれの身体の肉は大地となり、血は海となり、骨は山脈となり、髪の毛は樹木となり、頭蓋骨は天空となり、脳髄は雲となり、双眉から人類の住居が現われ、人類はその後に生まれ出たとされている。また盤古神話によると、盤古氏という巨人が死んだとき、頭は四岳となり、両眼は日月となり、脂膏は江河となり、毛髪は草木となったという。

マリアナ諸島で採集された、ブンタンという巨人がその姉妹に自分の死骸から世界を造らせた話や、叙事詩『エヌマ・エリシュ』にあるバビロニア神話のマルドゥク神が、ティアマトという蛇形の女神の死骸から天を造ったという話なども、この世界巨人型の創造神話のなかに含められている。

また日本の神話のなかの類話を、『古事記』のイザナギ（伊弉諾尊）に認める学者もいる。イザナギの神話の最後には、この神が黄泉の国から帰還した後で、禊をしたときに、彼の左の目から太陽神のアマテラス（天照大神）が、右の目からは月神のツキヨミ（月読宮、月夜見宮）が、鼻からは凶暴で岩戸隠れの原因となる騒動をおこすスサノオ（素戔嗚尊、須佐之男命）が生まれたと伝えられている。

『リグ・ヴェーダ』においては、祭式が創造の手段とされ、プルシャは祭式に用いる犠牲獣と見なされている。このような祭式にことよせた宇宙創造観は、インド以外の国においてはほとんど認められないようであり、インドの巨人解体による創造観の特徴といえるようである。

またこの『リグ・ヴェーダ』の創造讃歌で注目すべき点は、宇宙の創造は超越的プルシャの自己限定であるという思想がはじめて示されていることと、後世のインド社会、とくにヒンドゥー社会に大きな役割を演ずる、バラモン階級を頂点とする四姓制度に根拠を与えていることであろう。

三　「かの唯一物」からの宇宙創造

最近の科学的宇宙論によれば、いま宇宙のなかにある物質とエネルギーのすべては、かつてきわめて高い密度で一カ所に集まり、高温で、きわめて小さな体積のなかに押し詰められていたが、今から一〇〇億年か二〇〇億年前に、ビッグ・バン（大爆発）が起こって、宇宙がはじまったという。宇宙の巨大な爆発が起こったとき、宇宙は膨張しはじめ、この膨張はそれ以来、止まったことがなく、いまもつづいている、といわれている。

この近代科学の成果は、三〇〇〇年前の『リグ・ヴェーダ』の詩人たちが到達した思弁的宇宙論の総決算ともいうことができる「ナーサディーヤ讃歌」（一〇・一二九）を想起させるものがある。

一　そのとき無（asat）もなかった。有（sat）もなかった。空界もなかった、それを覆う天もなかった。なにものが活動したのか、だれの庇護のもとに。深くして測るべからざる水

(ambhas) は存在したのか。

二　そのとき死もなかった、不死もなかった。夜と昼との標識もなかった。かの唯一なるもの (tad ekam) は、自力により風なく呼吸した。これよりほかになにものも存在しなかった。

三　宇宙の最初においては暗黒は暗黒に蔽われていた。一切宇宙は光明なき水波であった。空虚 (tucchya) に覆われ発現しつつあったかの唯一なるものは、熱 (tapas) の威力によって出生した。

四　最初に意欲 (kāma) はかの唯一なるものに現じた。これは思考 (manas, 意) の第一の種子 (retas) であった。聖賢たちは熟慮して心に求め、有の連絡 (bandhu) を無のうちに発見した。

五　かれら (=聖賢) の紐 (raśmi) は横に張られた。下方はあったのか、上方はあったのか。はらませるもの (=男性的な力) があった、威力 (女性的な力) があった。本来存する力は下に、衝動力は上に。

六　だれが正しく知る者であるか、だれがここに宣言し得るものであるか。この展開 (visṛṣṭi) はどこから生じ、どこから来たのか。神々は宇宙の展開 (visarjana) より後である。しからば、展開がどこから起こったのかを、だれが知るであろうか。

七　この展開はどこから起こったのか。かれは創造したのか、あるいは創造しなかったのか。最高天にありて宇宙を監視する者のみがじつにこれを知っている。あるいはかれもまたこれを知らない。

（中村元『ヴェーダの思想』四二六～四二七ページ）

この讃歌は、しばしば『リグ・ヴェーダ』における哲学的思索の最高峰を示すものである、といわれているが、一体この古代的思惟がなにを意味しているのか、またどのように解釈すべきか、なかなか困難な問題をはらんでいる。今は、死ぬまで『リグ・ヴェーダ』を心から愛した、アメリカのインド学者W・N・ブラウン博士（一八九二～一九七五）の解釈を踏まえて説明することにしたい。

『リグ・ヴェーダ』のなかには、宇宙の運行を理解して、宇宙の起源、とくに有（sat）と無（asat）の起源を追究し、この問題にたいする解答がいろいろ示されている。おそらくそのような讃歌のうち、もっとも古い考えは「武勇神インドラと悪魔ヴリトラの讃歌」に見出される。この讃歌は冒頭で、宇宙の創造前の混沌状態を述べている。

それによると、その混沌状態のときには、あらゆる有の要素は存在するけれども、まだ組織化されておらず、無のなかに隠されている。無においては、あらゆる有の要素は、中性名詞ヴリトラ（vṛtra）によって示される巨大な覆い、あるいは障害のもとで抑制されており、この覆いあるいは障害は、この神話のなかでは、男性名詞ヴリトラすなわち悪魔ヴリトラ（Vṛtra）として擬人化されている。

他方では、拡張・解放・発展・変化の諸力もまた存在していた。その諸力は、その神話においては、母親アディティ（Aditi, 解放）から生まれた神々であるアーディトヤ神群として擬人化されている。これらの神々は、悪魔ヴリトラと対抗することができず、天と地の子であるインドラの誕生を準備したようである。インドラは、自然のうちに内在する強大な力を擬人化したものである。神々は、インドラが、対ヴリトラ戦の戦士となることを望んだ。

神々の願望はいよいよ実現されることとなった。インドラは生まれるやいなや、神酒ソーマを三杯（あるいは三樽あるいは三池）呑み、恐ろしい大きさに膨張し、夫婦であり、インドラにとって両親である天と地を引き離して、そのあいだの空間いっぱいに拡張した。そのとき、インドラは工巧神トヴァシュトリがインドラのために造った金剛杵ヴァジュラ（電光）という強力な武器で武装して、いよいよヴリトラを探し求めて出発する。

インドラとヴリトラの戦闘は熾烈をきわめたが、ついにインドラがヴァジュラをヴリトラの背中に投げつけて殺した。すると、今まで堰き止められていた宇宙の水が、幸福そうに鳴く七頭の牛の形をとって流れだし、共同してその子供である太陽をみごもった。酷熱のインド、水を渇仰するインドを彷彿とさせる詩である。

このときはじめて、有は無と区別された。有は水と太陽とを含み、したがって温かさ・光・湿度をもち、天則（リタ ṛta）が、その保持者であり、七柱のアーディトヤ神群の一つである司法神ヴァルナによって保たれる。有が完璧に機能するためには、すべての被造物はそれぞれの掟（ヴラタ vrata）をまもらなければならない。

他方、無は有の下に存在しつづけ、そこで悪魔たちは繁殖し、有に住むものたちを危険にさらすのである。無においては、有とは反対に、生活と成長に必須な条件が欠けており、寒く、暗黒であり、乾燥している。そこでは天則は保たれない、すなわち無天則（アヌリタ anṛta）である。

先に引用した讃歌は、“nāsad āsīn no sad āsīt tadānīṃ”（そのとき無もなかった、有もなかった）という文言ではじまるので、ナーサディーヤ（nāsadīya）、またはナーサダーシーティヤ（nāsadāsītya）讃歌として、よく知られている。この讃歌は、今述べたインドラ・ヴリトラ神話を踏まえているという確証はないが、この讃歌の詩人が、『リグ・ヴェーダ』の全讃歌の四分の一を独占しているほど人気のあるインドラの神話を知っていると考えたほうが自然であろうと思われる。

もし知っていたとすれば、この讃歌は、有と無とが分化する以前の段階、あるいは有と無が存在する以前の段階にまでも読者を引き戻す。換言すれば、有とも無ともいえない原初状態である。

その状態においては、当然のことながら、空界もなく、その上にあるべき天もなく、宇宙のいかなる部分も存在しなかったのである。詩人は、「なにものが活動したのか、だれの庇護のもとに。深くして測るべからざる水（ambhas）は存在したのか」という問いを発している。

その原初状態においては、まだ死も不死もなく、夜と昼を示す太陽も月も星も存在しなかった。そのとき「かの唯一なるもの」（tad ekam, 中性形）が、風によって触発されることもなく、自分自身の力で呼吸していた。「かの唯一なるもの」のほかにはなにものも存在しなかった。「かの唯一なるもの」のみが唯一の存在であった。

注目すべきことは、それ以前の創造讃歌では、世界創造者が人格的なものとして表象されていたのであるが、この讃歌では、非人格的な、中世的な形而上学的原理として登場していることである。しかし「自分自身で呼吸していた」という表現のなかに、まだその人格的な存在の名残りを留めているのであろうか。

詩人は、これがなにものであるかについて、明快な説明を与えていない。しかし、つぎの詩節で、いかなる原初状態から「かの唯一なるもの」がいかにして生まれたのかを説明している。原初においては、全くの暗黒状態であり、この一切は、区別づけるしるしのない水波であったという。原水を想定する思想はこの後にもヴェーダ聖典にみられるのであるが、「かの唯一なるもの」とこの水波とが、いかなる関係にあったのか、詩人は沈黙している。しかし、いずれにせよ、「かの唯一なるもの」は、そのとき、空虚に覆われ、発現しつつあった。

この「かの唯一なるもの」こそ、大雑把にいって、宇宙のなかにある物資とエネルギーのすべてがきわめて高い密度で一カ所に集まった、宇宙の卵の一種の神話的・形而上学的表象とみることもできるかもしれない。

さらに詩人は、「かの唯一なるもの」は、自分自身の熱の力、タパス（tapas）によって生まれたといっている。タパスは、インドでは熱といっても、物理的な熱というよりも、苦行を意味する言葉である。自分自身の苦行から発する熱力によって生まれたという。これはいわば、ビッグ・バンに相当するのであろう。この熱の力は、「かの唯一なるもの」の思考マナス（manas, 心、思考力）に起こった、思考の最初の「種子」である「意欲」にもとづいているという。この「種子」と訳されているレータス（retas）という語は「精液」をも意味する言葉である。また「意欲」と訳されているカーマ（kāma）という語は「愛欲」「性愛」などをも意味している。

したがって、『リグ・ヴェーダ』の詩人は、「かの唯一なるもの」の心に生じた強烈な愛欲＝精液の熱の力によって宇宙の創造が開始されたと考えているかのように想定される。宇宙の創造は、唯一なるもの〔と水〕―思考―意欲―熱力―現象界の順序で展開したと考えられているように思われる。また詩人はこの万有の展開を生殖作用になぞらえており、「かの唯一なるもの」のなかに起こった自己生殖とみなしているようである。

すでに第二詩節にその徴候はあったが、この第四詩節において、中性的原理は一転して人格的に表象され、しかも人間の生殖・性愛活動になぞらえて宇宙の創造も考えられている。これは後代のヴェーダーンタ哲学におけるブラフマンが、中世的原理としてとらえられながらも、人格的原理から明確に分けられていないし、シャンカラの場合にすら、最高のブラフマン（parabrahman）と最高主宰神（parameśvara）とは同義語として用いられており、明確に両者が区別づけられるのは、かろうじてシャンカラの後継者たちによってである。

宇宙の創造が開始されたとき、有と無の分化が起こり、有と無とは相対立し、水と油のように関係のないもののように見えるようになってしまった。しかし、霊感ある聖賢たちは、熟慮して、有と無とは本来不可分離の関係（bandhu）にあることを発見したのである。

第五詩節は、第四詩節をさらに敷衍しているように思われる。その聖賢たちは、上下の判断の基準となる紐尺を横に張り、その紐尺の上と下とがあるかどうか、またその上になにがあり、その下にはなにがあるかを見極めた。そのとき、上には、はらませるもの、すなわち射精者（能動的男性力）を、下には威力すなわち受動的女性力を見出す。聖賢は、さらに性交の体位を念頭におきながら、両原理の性的な交渉によって、宇宙が創造され、生まれると考えているようである。

最後の二詩節において、詩人は今までの自信ある態度から、従来尊敬をはらわれてきていた神を、宇宙の展開の後に出現したとして、低い地位に落とした自責の念からであろうか、一転して、自信を喪失したかのように、この創造がいずこから起こり、誰が創造したかについての疑問を提出し、さらにはまったく唐突に、「最高天にいて世界を監視しているもの」について、「かの唯一なるもの」との関係を明らかにすることなく言及し、断定を避けて、疑問のままこの讃歌を終わっている。

四　むすび

いまだ神話の領域を脱することなく、不明な点が多くて、隔靴掻痒の感をまぬがれないが、『リグ・ヴェーダ』の哲学的・汎神論的思索は、「ナーサディーヤ讃歌」において頂点に達したということができるであろう。ここに登場する「かの唯一なるもの」は、有も無も超越した中性的原理であり、全宇宙はこの原理から展開する。

『リグ・ヴェーダ』のなかには、「かの唯一なるもの」とは別の中性的原理「唯一の有」からの創造を暗示している讃歌もあるが、まだ漠然としている。この「ナーサディーヤ讃歌」は、一元論思想を明白に表現しているといってよい。この一元論思想は、後世ウパニシャッドにおいて著しい発展を示し、ヴェーダーンタ学派によって継承され、インド思想の主流を形成するにいたるのである。

古代第二期になると、哲学諸体系が成立するが、それとともに、上述のような神話的宇宙生成論から、大別して三種の哲学的な宇宙論が説かれるようになる。

第一は、開展説であって、因果論として、原因のなかにすでに結果が潜在的に含まれているとする学説である因中有果論《いんちゅうう かろん》に立脚している。この因中有果論においては、原因と結果とは本質を同じくするものであって、原因と結果とはそれぞれ独立したものではなく、結果は原因の展開したもの、あるいは変化したものにほかならない。これは主としてサーンキヤ学派と初期ヴェーダーンタ学派の見解である。

第二の宇宙論は集合説である。この理論がもとづく因果論は、結果が原因のなかに含まれていることを否定する因中無果論《いんちゅうむ かろん》である。これによれば、原因と結果とは全く別個のものであり、結果はまったく新しい存在である。この場合には、無数の性質の異なる原子を想定し、結果は一つの原因の開展したもの、あるいは変化したものではなく、結果は種々の原因の集合から生じ、あらゆるものは原子の集合から生ずるとする。この理論は、ニヤーヤ学派・ヴァイシェーシカ学派によって主張された。

第三の宇宙論は仮現説《けげんせつ》である。従来、この呼称はシャンカラ以後の不二一元論派の宇宙論を特徴的に示しているものとして用いられてきたものであり、現象世界は無明《むみょう》から生じ、本来は幻のように実在しないとする説をいう。この仮現説は、因果関係から見れば、因中有果論から発展したものであって、開展説とは切り離し得ない関係にある。

第二章

人間観

一　人間とは

人間とはなにか、という問いは、人類にとって永遠の課題である。人類の思想史は、その問題が哲学的思惟の最大の関心事であったことを歴然と示している。ちょうど子供が成長する過程において、次第に自我に目覚めていくように、人類は、地上に発生して以来、神や宇宙や自己を取り巻く環境に目を奪われていた時代から、次第に精神的・思想的に深まり、自分とは、人間とはなにか、何処から来て何処へ行くのか、という問題に思索をめぐらすにいたった。

「人間」という言葉は、仏教が中国に伝わる以前から、中国で用いられていた。この場合の「人間」は、「ニンゲン」とも、「ジンカン」とも読み、「世間、世の中、人の世」を意味している。仏教文献では、しばしば輪廻の五道または六道のなかの「人間界」を意味し、まれに「人の住む場」、すなわち「社会」ないし「世間」を意味し、また時として「人」を意味する場合がある。中国仏教では四世紀に、人間という言葉に「世間」と「人」の両方の意味が認められていたといわれる。

インド最古の文献である『リグ・ヴェーダ』のなかで、人間を意味することばとしては、マヌ(manu)、マヌス(manus)、マヌシャ(manuṣa)、マヌシュヤ(manuṣya)、マーヌシャ(mānuṣa)、プルシャ(puruṣa)などが用いられる。

このうち、マヌ、マヌス、マヌシャ、マヌシュヤ、マーヌシャは、すべてサンスクリット語の動詞の語根マン(man-)から派生した言葉である。語根マンは「考える」という意味をもち、おそらくゴート語のマンナ(manna)と同族であると考えられている。「人間は考えるものである」と理解され、「考える」ということを人間の本質的なものであると認めていたのであろう。このことはパスカルの『パンセ』のなかの名言を想起させる。すなわち、

人間は、自然のうちで最も弱い一本の葦にすぎない。しかしそれは考える葦である。これをおしつぶすのに宇宙全体が武装する必要はない。一つの蒸気、一つの水滴もこれを殺すのに十分である。しかし宇宙がこれをおしつぶすとしても、そのとき人間は、人間を殺すこのものよりも、崇高であろう。なぜなら人間は、自分の死ぬことを、それから宇宙の自分よりずっとたちまさっていることを知っているからである。宇宙は何も知らない。
だから我々のあらゆる尊厳は考えるということにある。

(パスカル・津田穣訳『パンセ(冥想録)』上、新潮文庫、二一九ページ)

他方、プルシャという言葉は、ある学者（グラスマンの辞書）によると、プル（pur-, 満たす）という語根に由来しており、その根本概念は、おそらく「肉体を満たしているもの」としての「霊魂」である。それゆえに生物の「生気、生命力」を意味する。また「霊魂をもっているもの」としての人間」をも意味する。さらには、それから全世界が開展してくる原因となる「原人」をも意味する。すなわち人間は、生物が内に生命力を宿しているように、内に霊魂を宿している存在として把握されているようである。

インドにおける、人間に関する思惟は、『リグ・ヴェーダ』のなかに見出せる。『リグ・ヴェーダ』で開始された思索は、時代とともに深められ、ウパニシャッドにおいて一つの頂点に達した。インドにおける人間観は、多かれ少なかれウパニシャッドまでに形成された宗教的・文化的・社会的諸条件に規定され、ウパニシャッドで成立を見た人間観に色濃くいろどられていることは否定できない。

インド思想史は、人間存在の中心に、ウパニシャッドにおいて確立した、本体としての実体的なアートマンの存在を認めるか否かによって、二つの思想伝統に分けることができる。アートマンの存在を認めない――必ずしも単純化出来ないが――伝統を形成したのは仏教であり、その存在を認める伝統を形成したのが、ヒンドゥー教やジャイナ教の哲学諸体系である。両思想伝統は、仏教が興起した紀元前五世紀から、仏教がインドで滅亡した一二〇三年にいたる、およそ一七〇〇年間にわたって相互に影響しあいながら豊かな宗教・思想の錦絵を織り上げたのである。

本章においては、両思想伝統の源泉である、インド思想史の最初期の『リグ・ヴェーダ』からウパニシャッドの時代までの人間観を検討することにしたい。その際、アートマンの観念を軸にしながら、インド的人間観の核を形成していると想定される神（絶対者・根本原理）、世界、社会、平等、業、輪廻、解脱などの概念に焦点をあてて、インド思想における人間観の特質を考えてみることにしたい。

二　神（絶対者・根本原理）と世界と人間

『リグ・ヴェーダ』の宗教は多神教であり、神々の数は限定されていないが、古くから三十三神といわれ、天・空・地および水中に住むと信じられている。主要な神々のあいだには上下の別がなく、最高神をもたない。

『リグ・ヴェーダ』の神々の多くは、自然界の構成要素や自然現象などを神格化した自然神である。しかし当時もっとも人気があり、崇拝された神は、アーリアン兵士の理想化された姿が投影された武勇神インドラ（帝釈天）であった。かれは超人的な威力を具え、悪魔・怨敵を征服するのみならず、人間の弱点をもちあわせ、その行動は必ずしも道徳的とはいいがたく、擬人化されたきわめて人間臭い神である。このような傾向は、クリシュナ神などに典型的にみられるように、ヒンドゥー教の神観にも引き継がれていく。

『リグ・ヴェーダ』で人間を意味する言葉のうち、マヌシュヤは、マヌスから派生した言葉である。マヌスは、『リグ・ヴェーダ』以来、人間の始祖であり、最初に祭祀を行なったものと伝えられている。したがって、マヌシュヤは「人間の始祖マヌスの末裔」を意味する。しかしどのようにしてマヌスから人間が繁殖したかに関しては、『リグ・ヴェーダ』は沈黙している。

『リグ・ヴェーダ』には種々の宇宙創造説がみられる。それらによると、宇宙創造のときに、生物・無生物の一切が展開するが、その時に、人間の出現も偶然に言及されているにすぎない。後代にも大きな影響を与えた原人プルシャからの汎神論的な創造神話（『リグ・ヴェーダ』一〇・九〇）によると、前章でみたように、神々が太初に、巨大な原人の身体を供物として祭式を行ない、この身体という材料を解体して宇宙の一切を創造する。かれは神々の世界も人間の世界も生物の世界も支配し、かれの地上的な四分の一から人間を含む生物や無生物があらゆる方向に現われ出たという。

世界の創造の際に、人間も動物も同じ原因から生じ、そのあいだに格別の差別は認められていない。『リグ・ヴェーダ』のなかには、西洋の人間観に大きな影響を与えた旧約聖書『創世記』にみられる、

神はまた言われた、「われわれのかたちにかたどって人を造り、これに海の魚と、空の鳥と、家畜と、他のすべての獣と、他のすべての這うものとを治めさせよう」。神は自分のかたちに人を創造された。

といった、神のかたちを与えられ、神の意志に基づく空・陸・海のすべてのものの支配者としての人間観は見出されない。これはインド思想史を通じて一貫した傾向であり、やがて輪廻思想を可能ならしめた思想的土壌ではなかったかと思われる。人間（二本足）と動物（四本足）は一つの類概念を構成しており、人間と動物とのあいだには本質的な区別は認められていなかったと思われる。

神と人間との関係は、ある意味で相互依存的である。人間は神の威力が減退しないように、称賛と供物を捧げて神を力づけねばならない。神は神を喜ばす人々に恩恵を与える。困難や危険に遭遇するとき、人間はひたすら神に救いをもとめる。それのみならず、人間の人間たる所以であ

る「考える働き」(cint-,『リグ・ヴェーダ』七・六〇・六)は神々に由来しているという。神と人間との間には本質的に越えがたい差別はないようである。しかし、神はソーマを飲んで不死となったといわれているが(『リグ・ヴェーダ』九・一〇六・八)、人間は「可死のもの」と考えられている。

前章で触れた『リグ・ヴェーダ』の「ナーサディーヤ讃歌」(一〇・一二九)によると、全宇宙が、人間をも含めて、有も無も超越した中性的原理である「かの唯一物」から、開展したのである。その創造の順序は、それほど明確ではないが、まず「かの唯一物」(と水)―思考―意欲―熱力―人間を含む現象界、という順序で展開したと考えているように思われる。またこの万有の展開が生殖作用になぞらえて説かれており、「かの唯一物」のなかに起こった自己生殖とみなされているようである。

このような唯一の中性的原理を、人間を含めた一切万有の原因と考える一元的思想は、ウパニシャッドにおいて最高潮に達し、その後もインド思想史の主流を形成した。しかし他方、このように『リグ・ヴェーダ』の詩人たちが神々をも超越した原理を想定するようになると、神々の位置は下落し、神々の存在も宇宙展開の一齣にすぎず、その原理に対立し従属するものとして、神々と人間とが同類項としてひとまとめにされてしまうのである。

紀元前八〇〇年ころを中心に成立した、祭式万能主義的なブラーフマナの時代を経て、ウパニシャッドの時代になると、神々への関心は薄れ、もっぱら非人格的な、抽象的な一元的原理を追究するようになった。このような探究の結果到達された諸原理のうち、もっとも重要なものは、ブラフマン（Brahman, 梵）と、アートマン（Ātman, 我）とである。ブラフマンは、すでにブラーフマナの時代において宇宙の非人格的最高原理の地位に高められ、ウパニシャッドにおいても、それ以後の思想史においてもその地位を保持している。ウパニシャッドの哲人たちは、さらにすすんで、個人存在の本体アートマンと宇宙の本体ブラフマンとの同一性（梵我一如《ぼんがいちにょ》）を強調している。多くの学者は、このブラフマンとアートマンの同一説がウパニシャッドの中心的思想である、と解している（本書一六四〜一七四ページ参照）。

ウパニシャッドの代表的な哲学者ウッダーラカ・アールニによると、一切万有の根源を有――これはブラフマンと同一視される――に求め、有から熱、熱から水、水から食物（＝地）という三神格が生じたと考えている。さらに有は、この三神格のおのおのを三重に混合し、この三神格に生命であるアートマンとして入り、一切の現象を展開した。われわれを取り巻く宇宙や世界もまた、この三神格の混合の結果である。

したがって人間もその例外ではない。人間の、糞、肉、思考器官は食物から、尿、血、気息は水から、骨、髄、言葉は熱から、生じたものである。人間が死ぬと、言葉は思考器官に、思考器官は気息に、気息は熱に、熱は有に帰入すると想定されている。この有こそアートマンであり、個人存在の本体は宇宙の根本原理と同一であると考えられている。『リグ・ヴェーダ』の時代には、絶対者と人間のあいだには相互依存の関係があったが、今や全く同一であると考えられるにいたった。これはインド思想に一貫して流れている主要な考え方であり、神と人間のあいだの絶対的な相違を前提にするキリスト教の場合とは、根本的な違いがある。

「われはブラフマンなり」と知ったものは誰でも——神も聖賢も人間も——ブラフマンと同化し、この一切となる。神々すらもこれを妨げることはできない。しかしこの知識なく、自分自身と別の神格を念想するものは、神に捧げられた犠牲獣と異ならない。興味深いことには、人間が家畜を喜ぶと同じように、神はこのような人を喜び、人間が家畜を失えば不快に思うように、神は人間が「われはブラフマンなり」と知ることを喜ばないと明瞭にいわれている（『ブリハッド・アーラニヤカ・ウパニシャッド』一・四・一〇）。

梵我一如の思想においては、人格神はその存在の場を失った。このことはウパニシャッドの伝統を直接継承している後代のヴェーダーンタ学派のなかで、有神論的傾向が盛んになるにつれて大きな論争点となり、ブラフマンとアートマンとの関係の問題をめぐってヴェーダーンタ学派は、多くの学派に分裂していくのである。

三　人間と社会と平等

すでに述べたように、『リグ・ヴェーダ』において、神々が原人を犠牲獣として祭祀を行なったとき、原人から馬・牛・山羊・羊その他の動物も生まれた。また、原人を分割したとき、その口からバラモン、両腕から王族、両腿から庶民、両足から隷民、思考器官から月、眼から太陽、口から武勇神インドラと火神アグニ、気息から風、臍から空界、頭から天界、両足から地界、耳から方角が生まれたという。

この讃歌は後代のインドの人間観に大きな役割を演ずる、バラモン階級を頂点とする社会的理念の主要な基盤となる身分制度、すなわち四姓制度（ヴァルナ）に根拠を与えたのである。

人間と社会を考える際に見逃すことができない問題は、身分制度の問題のほかに、倫理観の問題である。キリスト教で人間観を語る場合には、「罪」あるいは「原罪」の問題を取り上げる必要がある、といわれている。『リグ・ヴェーダ』の倫理観の中核は、リタ（ṛta）、すなわち宇宙の理法である「天則」の観念である。

天則は含蓄の多い言葉であり、秩序・均整・規律・真実・正義・善良・光明などを包摂している。天則は、第一に天体の運行・四季の循環など大宇宙の秩序として、第二に祭式全般の規律として、第三に人間世界の倫理道徳の法則として発現し、これらの三つの領域を支配する超越的実在である。リタの反対をアヌリタ（anṛta）すなわち「反則」といい、自然界の異変、祭式における過誤、人間の罪悪を総括している。

天則は、現実世界において上述の三つの領域において必ずしも実行されず、天則を犯すこと、すなわち反則がそれぞれの領域で問題になるが、今は倫理道徳の法則としての天則を犯す反則、すなわち罪の問題のみに限って言及する。天則と反則は、人間社会においては正直・真実・純一と邪曲・虚偽・表裏の別となって現われる。

キリスト教神学によれば、人間の生得的な罪悪の傾向は、アダムの堕罪の結果である原罪に由来するとされている。『リグ・ヴェーダ』によれば、人間は、その人間の性《さが》のゆえに、神々や祖霊（人間）に対して罪を犯すことがある。罪は客観的物質として考えられており、従ってその罪が贖われるまで存続し、移動性・遺伝性をもっているために、自己の罪のみならず、他人の罪、ことに父祖の罪を継承する。

しかしこの罪の内容は、後代のインドにおけるように生きとし生けるものを殺すことではなく、アーリア人の宗教を奉じないこと、祭官に布施を惜しむこと、窃盗・姦淫・バラモン殺害などであり、欺瞞・虚言は非常に非難されており、罪の基準は、どちらかといえば、バラモンの立場から決められているようである。

天則の擁護者、律法神、人倫の維持者、人間の道徳を司る神としてとくに重要な神はヴァルナ神である。先に述べたように、『リグ・ヴェーダ』の神々は、人間と相互依存の関係にあり、神と親しい立場で神々に祈願したのであるが、このヴァルナ神は唯一の例外であった。かれは一方では慈悲の神であり、善人を守り、悔い改める者に対しては慈悲深かったが、他方かれは高度に倫理的であり、罪人を厳しく処罰し、神であろうと、人であろうと、宇宙の理法である天則（リタ）を侵犯することを許さなかった。

神々は人間の内心を知り、悪人の悪行を罰する。とくに司法神ヴァルナは、人間の真実と虚偽とを識別する（『リグ・ヴェーダ』七・四九・三）。かれは、天則の守護者として、日月の運行など宇宙のあらゆる現象を主宰し、常に密偵を放って罪悪をあばき、縛めの綱で虚偽を語るものを捕縛するとして、とくに恐れられていたが、他方では神は、人間が真に懺悔したならば、その犯した罪を許すものでもあると考えられている。

しかしながらこの天則は、すでにヴェーダ聖典の一つで、紀元前一〇〇〇年ころを中心に成立した『アタルヴァ・ヴェーダ』の時代に、その重要性を著しく失った。ブラーフマナにいたって、祭式万能主義的風潮が盛んになると、祈禱・祭式の神秘力を象徴するブラフマンがますます重要視されていくのに反比例して、神々の位置はますます低下し、天則はほとんど全く影を潜めた。また神々の掟を意味したダルマンが、ダルマ（dharma）として、主として人間の行動の規範・正義・義務・徳行を意味するようになり、後世の「法」の概念に接近する。

ウパニシャッドになると、天則は全く重要性を失い、一時は宇宙を支配する絶対的力ともみなされた祭式も、神格もその価値を失墜し、代わって根本原理の実在性が強調され、真実が最高ブラフマンと同列におかれ（『マハーナーラーヤナ・ウパニシャッド』一・六、一二・一）、後述する業・輪廻の思想が倫理・道徳の領域において重要な位置を占めることになり、またダルマも、ウパニシャッドにおいて重要性が高まり、宗教・倫理・社会・制度に関して、真・善・徳を包摂した概念となった。

古ウパニシャッドがつぎつぎと編纂されていたころ、解脱（次章参照）を人生の最高目的とする禁欲主義が盛んとなり、正統バラモンたちにとってもはや看過できないほどに強力なものとなっていた。かれらにとっては、人々が結婚し、家庭を築き、子孫をもうけ、社会的義務を遂行するという従来の社会制度が、禁欲主義によって崩壊することは重大な問題であった。このためダルマ・スートラが、紀元前六世紀から二世紀ころまでのあいだに、日常の行動の準則を、バラモンと王との二頭政治による四姓制度とヴェーダ聖典のダルマの価値体系のもとで整理しようとして編纂された。

まえに述べたように、『リグ・ヴェーダ』においては四つの職業の名称を挙げているのみであるが、『アタルヴァ・ヴェーダ』とブラーフマナ文献は、四姓制度の確立を示し、とくにバラモンの特権を強調している。ダルマ・スートラにおいては、人間社会の秩序は、最高権威であるヴェーダ聖典に淵源するダルマによって維持されるといい、人間社会は個人の集まりではなく、創造主ブラフマンの身体から生まれた四つの階級集団からのみ成り立ち、それぞれブラフマンから割り当てられた社会的役割もしくは機能を果たす。バラモンと王とが、社会とヴェーダ＝ダルマの価値体系の維持者であり、バラモンは、ヴェーダを教授し、そのダルマを宣示し、王はダルマに従い、かつダルマを遵守・守護する。

掟を支えているものは王とバラモンであり、四階級も、植物も、動物も、鳥類も、その生命は王とバラモンの両者に依存するという。さらに生類の守護、階級の純血、ダルマもまた、かれら両者に依存する。四姓制度のもとにある人間にとっては、この価値体系の枠内に自分を位置づけることがもっとも重要なことであり、そのためには「生まれ」と「浄・不浄」という二つの基準を軸にして、価値体系の内側の人間と外側の人間に峻別された。

まず、この価値体系のなかに生まれるためには、第二の誕生である入門式ウパナヤナの儀礼が必須であるが、その儀礼の有資格者は、生まれによって、上層三階級のみに限られており、隷民は第二の誕生から排除された。人間はこの価値体系のダルマから逸脱して罪をおかす。その罪は汚れと同一視されており、罪は贖罪によって、罪の破壊が起こり、浄となり、汚れも清めによって浄となる。このような罪と汚れの同一視は、すでに、罪を具体的物質とみなす傾向の顕著な『アタルヴァ・ヴェーダ』において見られる。

ヴェーダ聖典のダルマの価値体系の外側には、（１）バラモン殺しなどのダルマ違反によって価値体系の外側へ転落したパティタと、（２）上層三階級にひたすら奉仕することが義務づけられた隷民と、（３）バラモンの女と隷民から生まれ、体系の中で最下位に置かれるチャーンダーラとがある。（１）は贖罪によって、価値体系の内側に復帰できるが、（２）（３）はそれが不可能であり、とくに（３）の不可触性は永久のものとされている。

四　アートマン（個我）・業・輪廻・解脱

『リグ・ヴェーダ』の詩人たちは、最初は神々や自己を取り巻く環境に目を奪われていたが、やがてその関心を人間自身の内面にも向け、「プルシャ」という言葉そのものが示唆しているように、人間自身のなかに、霊魂あるいは生命原理を見出した。そして人間の肉体は死とともに滅びるが、その霊魂は不滅であると信じられた。その霊魂は、『リグ・ヴェーダ』では、アス（asu, 生気）あるいはマナス（manas, 意、思考器官）といわれている。後世、プラーナ（prāṇa, 気息）、アートマン（ātman, 自我）などの言葉で表わされるにいたった。

『リグ・ヴェーダ』では、人間の始祖マヌは、生者と関係するが、その兄弟であるヤマは、人間の始祖というより、むしろ最初の死の道の開拓者である点が強調される。後世ヤマの王国は次第に地下にくだって地獄となり、ヤマは仏教にも取り入れられて閻魔天となるとはいえ、『リグ・ヴェーダ』においては、死者の王として最高天にあり、地上では得がたい快楽に満たされた理想郷であるヤマの王国に君臨する。

インドでは『リグ・ヴェーダ』以来、人間の寿命は一〇〇歳が理想とされているが、死んでも霊魂がまったく消滅するのではなく、地上の善行、とくに祭祀・布施の徳が報いられ、死後は最高天にあるヤマの世界に赴いて、緑陰・酒宴・歌舞・音楽に恵まれた楽土で神聖な祖先たちやヤマ、ヴァルナ神などと交わることをもって人間最高の理想と考えていたようである。しかしやがて死後に再び死ぬことを恐れるようになり、また地獄の観念も、後世次第に発達するが、当時はまだ明確になっておらず、楽天的な人生観・来世観を抱いていたものと推定され、輪廻や解脱の観念はまだ現われていない。

『リグ・ヴェーダ』では、人間自身のなかに霊魂を見出したが、ウパニシャッドになると、人間存在の本体であるアートマン（我）の観念が確立した。ブラフマン（梵）が、宇宙の本質・起源の探究によって得られる宇宙的・非人格的原理であるのに対し、アートマンは個人的存在の本質であり、どちらかといえば内的・主体的・人格的原理であり、個人の本体を現わす術語と考えてよい。

真実のアートマンは、われわれの日常生活における主客の二元対立を超越した存在であり、決して客体化されることはなく、常に認識の主体であり、従ってアートマンは、認識の対象として認識したり、日常の言語によって表現することは不可能である。もし表現するとすれば、「そうではない。そうではない」（neti neti）と、否定を重ねる以外に方法はない。われわれの内にあるアートマンは、個人存在の本体であるとともに個人存在を超越した普遍的な、不滅の、不死の最高実在そのものであること、すなわち梵我一如であることを教えている。

ウパニシャッドの時代に成立した思想のなかで、後代の人間観に、陰に陽に大きな影響を与えたのは、業・輪廻・解脱の思想（次章参照）である。輪廻思想の起源については推測の域をでないが、この思想が明瞭なかたちで説かれるにいたったのはウパニシャッドにおいてである。また人々に輪廻を余儀なくせしめている原動力は、死後も残る業《ごう》であることも明言されている。前述したように、ウパニシャッドになると、天則は全く重要性を失い、かわって業・輪廻の思想が倫理・道徳の領域において非常な重要性をもつにいたった。

本来の人間は絶対者そのものであるが、現実の人間はその真理を知らないのである。そのために、日常、善（ダルマ）・悪（アダルマ）の業を行ない、それらの業のために輪廻している。かつては理想郷と考えられた神々の世界である天界も、人間界と同じく輪廻のなかにあると考えられるようになり、この忌まわしい輪廻から自由になること、すなわち解脱が究極の目標にされた。

後代になると過去・現在・未来の三世にわたって、神・人間・動物・餓鬼の各世界を経めぐると考えられるようになり、この輪廻からの解脱を人生の最高の目的と考えるにいたるが、ウパニシャッドにおける解脱とは、ブラフマンとアートマンの本質を悟り、梵我一如の真理を直観して、このブラフマンと合一することである。そのためには感覚器官を制御し、欲望を捨て、瞑想ヨーガによって精神を統一し、ブラフマン・アートマンに精神を集中することを勧めている。業による輪廻とそれからの解脱の教説は、ヒンドゥー教、仏教、ジャイナ教の根底をなしており、インド思想・宗教・文化に及ぼした影響ははかりしれないほど広く深いものがある。

五　むすび

以上、アートマンの観念を軸にしながら、インド的人間観の核を形成していると想定される神（絶対者・根本原理）、世界、社会、平等、業、輪廻、解脱などの概念について検討してきた。『リグ・ヴェーダ』の詩人たちは、最初、自然や神々や自己を取り巻く環境に目を奪われていたが、やがてその関心を、一方では、神々をも超越した宇宙の根本原理に向けるようになり、他方では、人間自身とその内面にも向け、人間自身のなかに、霊魂あるいは生命原理を見出すにいたった。そして人間の肉体は死とともに滅びるが、その霊魂は不滅であると信じられた。まだ地獄の存在も知らず、死後は、最高天にある理想郷に赴くものと信じ、楽天的な人生観・世界観を抱いていたのである。

やがて、宇宙の根本原理の発見の結果、神々も人間も動物もいよいよその差別がなくなり、神々の威信は低下し、それとともに倫理観の中核をなし、人格神ヴァルナによって保持されていた天則（リタ）も法（ダルマ）によってとってかわられた。

紀元前七〜六世紀ころ、最初期の古ウパニシャッドが成立する頃になると、天則はまったく影を潜め、一時は宇宙を支配する絶対的力とも見なされていた祭式も、神格もその権威を失墜し、かわって根本原理の実在性が強調され、真実が最高ブラフマンと同列におかれ、その最高実在の知識が重要視されるにいたった。また、人間存在の本体であるアートマンの観念が確立し、さらに、業・輪廻の思想が倫理・道徳・来世観の領域において中心的役割を担うことになった。それとともに、その輪廻からの解脱が人生の最高目標と考えられるにいたった。これらの思想ならびに四姓制度・カースト制度を機軸とするインド的人間観、あえていえば輪廻的人間観が成立した。

ウパニシャッド以後に展開するヒンドゥー教徒の人間観は、さまざまな変容があり、微細な点で相違を示すとはいえ、大筋においてはウパニシャッドにおいて成立をみた輪廻的人間観を継承しているということができるであろう。他方、反ヴェーダ的な沙門と呼ばれる自由思想家の一人ゴータマ・ブッダを開祖とする仏教は、形而上学的諸問題に対して判断を中止し、無我説を説き、四姓平等を標榜した。しかし結局は、仏教の人間観も——本章では扱うことができなかったのは遺憾とするが——、輪廻的人間観の大枠のなかにおさまっているように思われる。

インドにおける人間観は、多かれ少なかれウパニシャッドまでに形成された宗教的・文化的・社会的諸条件に規定され、ウパニシャッドで成立をみた輪廻的人間観に色濃くいろどられているといってよい。これは西洋における人間観やキリスト教的人間観とは本質を異にしている。

第三章

業・輪廻・解脱

一　解脱をめざす哲学

インドには種々の哲学学派・宗教体系があるが、外来の宗教ではなく、インドで成立し発展した宗教であれば、それぞれに異なったアプローチの仕方をしているとはいえ、一、二の例外はあるものの、必ず業・輪廻を思想の出発点とし、輪廻からの解脱を究極の目標としている。哲学的思索は解脱という人生最大の目標達成のための手段である。インドにおいては、哲学は知識のためではなく、宗教的目標を達成しようとする熱情に根ざし、宗教と不可分の関係にある。このことは、仏教やジャイナ教のような非正統派の体系についてもいえることである。

この事実は、仏教を介して業・輪廻・解脱の思想に、程度の差はあれ、慣れている日本人にとっては、それほどの違和感はないかもしれないが、欧米の諸学者——最近の若い世代の研究者は事情を異にしているかもしれないが——にとっては、親しみのもてないものであったらしい。

ベルギーの産んだ仏教学者であったドゥ・ラ・ヴァレ・プーサン（Louis de la Vallée Poussin, 一八六九〜一九三七）は、仏教研究に不滅の業績を残したが、そのかれですら、……われわれは仏教教義を外部から見ている。涅槃はわれわれにとっては、単なる考古学的関心の対象にすぎないが、仏教徒にとっては最高の実践的重要性をもっている。われわれの仕事は涅槃とはなんであるかを研究することであるが、仏教徒の仕事は涅槃に達することである。

（*The Way to Nirvāṇa: Six Lectures on Ancient Buddhism as a Discipline of Salvation*〔Bibliotheca Indo Buddhica No. 3〕. Delhi: Sri Satguru Publications, 1982, p. 112）

と涅槃について冷やかに述べている。かれの涅槃論はシチェルバッキー（Th. Stcherbatsky）やダスグプタ（S. Dasgupta）によって攻撃されたとはいえ、当時の欧米における仏教やインド哲学の研究者の、涅槃についての代表的な受け止め方の一つを代弁しているように思われる。

今日の欧米の研究者がインドの「哲学」を研究する場合にも、往々にして、ヨーロッパ的哲学の概念をもってインドに「哲学」を求めて失望するか、あるいはインド思想のなかの哲学的部分を切り取ってきて、これがインド哲学であると説明しがちである。この種の最近の代表的な学者はカナダ・トロント大学のウォーダー（A. K. Warder）である。

かれは、一九七一年に、『インド哲学概要』（*Outline of Indian Philosophy*. Oriental Book

Distributors, 1986) を出版した。これはインド哲学への入門書であるが、

英語で書かれた書物にかんするかぎり、じつはインドは厳密な意味での哲学を持たないという見解が支配的であるように思われる。(p. v)

と、いっている。かれは、認識論 epistemology すなわち知識に関する理論を、哲学の本質的部分と理解し、哲学の他の部分はこの認識論に依存していると考えているのである。したがってかれは知識の問題を哲学の中心的課題であると考えて、インドの認識論に、というよりむしろ認識論的側面に焦点を当てて、その『インド哲学概要』をまとめている。したがって、かれの書物は『インド哲学概要』ではなく、『インド認識論概要』というべきかもしれない。

認識論は、周知のように、西洋の哲学においては、形而上学または存在論とならんで哲学の二大部門を形成しており、われわれ人間の認識が起こる源泉・構造・発展を究明しようとする哲学の理論である。これは古代・中世を通じて存在していたが、とくに近世になって、西洋哲学、とくにイギリス哲学界の中心的な課題と考えられている。

認識論は、インド哲学においても重要な問題ではあるが、しかしインド哲学の本質を形成しているとはいえないであろう。インド哲学において認識論は、解脱論のなかの一分野を形成してい

るにすぎない。金太郎飴は何処をきっても同じ顔や絵が出てくるように、インド思想は何処を切っても業・輪廻・解脱が出てくるのである。これこそ西洋の研究者をうんざりさせる、少なくとも興味をそぐ最大の原因である。しかしこれこそインド思想・哲学の中核であり、これを考慮の外においたインド思想・哲学の理解は不完全であると言わざるを得ない。

ウォーダーと対立する立場に立つのは、アメリカのミネソタ大学教授であるポッター（K. H. Potter）である。ポッターは、そのユニークなインド哲学の入門書である『インドの哲学の諸前提』（*Presuppositions of India's Philosophies.* Englewood Cliffs: Prentice-Hall, Inc., 1963）において、

> ある一つの文化の哲学を理解するためには、われわれはその文化の究極の価値――その文化をもっている人々の生活において最も重要なもの、すなわちその文化に属する最も賢明な人々が最高の理想としているもの――をある程度理解しなければならない。（p. 1）

と述べ、西洋における究極の価値は「善」であって、西洋的思惟の主流は、合理的道徳性を高く掲げていると主張する。ポッターはさらにつづけていう。

西洋の聴衆にインド哲学を紹介する場合には、究極の価値についての議論をまったく避ける

か、または西洋の思想家の主流にとって歓迎されない事実、すなわち「インド哲学は、実は、合理的道徳性よりも、力（power）、支配・抑制（control）、あるいは自由（freedom）を最高の位置においている」という事実をごまかすことが流行している。……よかれあしかれ、古典ヒンドゥー教の、最も洗練された原典のなかで承認されている究極の価値は、道徳性ではなくして、自由すなわち共同体の福祉のための合理的自己抑制ではなくて、自己の環境の完全なる支配――自己抑制を含むが、他者の支配と宇宙における物理的力の根源の支配すらも含む――なのである。（同上、p. 3）

ポッターがこのように述べて、力、支配・抑制、自由ということばを用いて、ここでインド哲学の価値として考えているのは、具体的にいえば、ヒンドゥー教徒の人生の四大目標である実利・愛欲・法（ダルマ）・解脱である。西洋哲学の理解には、西洋哲学の究極の価値である「最高善」の理解が不可欠であるように、実利・愛欲・法・解脱という、これらの究極的価値の理解を欠いては、インド哲学の正しい理解は覚束ないという趣旨を述べ、『インドの哲学の諸前提』の「自由とその諸条件」と題する第一章を、その説明に当てているのである。

かつてフィンランドのインド学者テーティネン（U. Tähtinen）は、比較文化価値（Comparative Cultural Value）の立場から、インド哲学の性格と特質を分析して、『価値のインド哲学』（*Indian*

Philosophy of Value〔Sarja-Ser. B Osa-Tom. 106〕. Turku: Turun Yliopsto, 1968）をまとめ、インド哲学は、一般によくいわれているごとく、実在（reality）に関する哲学というよりもむしろ、根本的には価値の哲学である、という結論に達したと述べている（p.5）。

インド哲学を「価値の哲学」といえるか否かは問題のあるところではあろうが、仏教を含めたインド思想にとって、法と解脱、とくに解脱が根本的な問題であり、その理解を欠いてはインド哲学や仏教の正しい理解は不可能であるということに異議をさしはさむ人はあまりいないものと思われる。

さてインド哲学や仏教の中核を形成している解脱や涅槃の思想は、何時、何処で、どのようにして成立したのであろうか？　解脱の観念が成立したのは、仏教の興起する以前に成立した、バラモン教の根本聖典であるヴェーダ聖典の終結部を形成しているウパニシャッドにおいてはじめて登場した。解脱と密接な関係をもつにいたる業と輪廻の思想もまた、このウパニシャッドで成立した。もちろんその萌芽と思われるものはそれ以前から見られないわけではないが、ここでは、日本人には仏教を通じてなんとなく分かっているつもりの業・輪廻・解脱の観念のルーツを知る意味で、ウパニシャッドにおける業・輪廻・解脱の観念を原文に即して見てみることにしたい。

二　業

あるときヴィデーハ国のジャナカ王が祭祀を行なったときの話である。その折には、クル族とパンチャーラ族のバラモンたちが集まってきた。そこでジャナカ王は、それらのバラモンたちのうちでもっともヴェーダに通暁しているのは誰か、ということが知りたくなった。かれはあらかじめ一〇〇〇頭の雌牛の、それぞれの二本の角に一〇パーダずつの黄金を結びつけて、囲いのなかに用意しておいた。ジャナカ王は、バラモンたちに、「あなたたちのうちで、バラモンとしてもっとも優れている人が、これらの雌牛を追い出しなさい」といったところ、誰一人としてあえてそうするバラモンはいなかった。

ところが、そこにいたウパニシャッド最大の哲人と言われるヤージュニャヴァルキヤは、自分の弟子に雌牛を追い出させたのである。そこでバラモンたちは怒り、かれらのなかの一人アシュヴァラが、ヤージュニャヴァルキヤに質問を発することになった。両者の質疑応答が終わったところで、こんどはジャーラトカーラヴァ・アールタバーガが、ヤージュニャヴァルキヤに種々の質問をし、最後に次のように尋ねる。

「ヤージュニャヴァルキヤよ、この世で死んだ人間の言葉は火に帰入し、気息は風に、目は太陽に、思考作用は月に、耳は方位に、肉体が地に、アートマンが空間に、身毛が草に、頭髪が森の樹木に〔帰入し〕、血液と精液とが水におさめられる（帰入する）場合に、そのときこの人はいったいどこにいるのであろうか」

〔ヤージュニャヴァルキヤは〕言った、「愛するものよ、〔私の〕手をとれ。アールタバーガよ。これについてはわれわれの二人だけが知っていることにしよう。このことは、公に語るべきことではない」

かれら二人は出ていって、〔考えを〕述べあった。それはまさしく、業（カルマン）についてであった。このときかれら二人が讃えたことは、それはまさしく業についてであった。「〔人は〕善い業によって善いものとなり、悪い〔業〕によって悪いものとなる」と〔ヤージュニャヴァルキヤは言った〕。

（『ブリハッド・アーラニヤカ・ウパニシャッド』三・二・一三〜一四）

ここで、アールタバーガは質問を止めたと、ウパニシャッドは伝えている。

この対話のなかで初めて、ヤージュニャヴァルキヤは、当時としてはまだまったく新しい思想で、人前では話せない「業」の秘説を明かしたのである。しかしアールタバーガがここで質問を止めてしまったために、この会話だけでは業とはなにか、ということが明瞭に語られているとはいいがたい。しかしヤージュニャヴァルキヤは、別の個所（『ブリハッド・アーラニヤカ・ウパニシャッド』四・四・一〜七）で、人間の臨終のときにアートマンが身体から離脱する過程を説明する際に、もう少しはっきりと業について語っている。

それによると、臨終に際してアートマンは、生気（prāṇa, 生体を維持する諸機能）などを集めて心臓に降りていく。するとその心臓の尖端が輝き、その光明とともに、アートマンは目、頭あるいは他の場所から肉体を去る――なにか最近話題になっている臨死体験にあたってかならず起きる体外離脱を想起させる――そのときアートマンは認識能力を備えて降下するが、明智と前生の記憶のほかに業もまたそのアートマンに付随するという。ヤージュニャヴァルキヤはさらに言葉をつづけ、

……〔人はこの世においては〕行なったとおり、実践したとおりになるのである。善を行なうものは善となる。悪を行なうものは悪となる。善い行為によって善人となり、悪い行為によって悪人となる。

と述べたという。このヤージュニャヴァルキヤの発言は、「われわれの欲望の傾向と魂の本性のとおりに、各人はその通りになる」といったギリシャの哲人プラトーンの言葉を想起させるような言葉である。ヤージュニャヴァルキヤはさらにつづけて次のようにいっている。

いま〔人々はつぎのように〕いう。「人間はただ欲望からなるものである」と。かれは欲求するように意向するものとなり、意向するとおりに行為をおこない、行為をおこなうと、その〔行為に応じた結果〕となるのである。

以上のような、業に関するヤージュニャヴァルキヤの考えによると、業は、人間が死ぬときに、生気や明智と前生の記憶などとともに、アートマン（霊魂）に付随していき、来世において、その業に相応しい結果を得ることになり、その業がよいか悪いかによって、善人になったり悪人になったりするのである。

この最初期の業の観念は、組織的に説かれてはいないとはいえ、後代にみられる業の観念の本質的な要素を備えているといってよいように思われる。また生気などをともなったアートマンの観念は、後世のサーンキヤ学派が微細身（sūkṣmaśarīra）とよぶ輪廻の主体となるもので、ヴエーダーンタ学派などの諸哲学学派にも引き継がれていく。業の観念は後代においてさまざまに論じられ、仏教ではヴァスバンドゥ（世親）の『倶舎論』の業品などに詳論されている。

三　輪廻

前述したように、ヤージュニャヴァルキヤによると、臨終に際してアートマンは、生気などを集めて心臓に降りていき、目、頭あるいは他の場所から肉体を去るが、その身体を離れたアートマンはやがて別の身体をとることになるのである。これが輪廻である。

ちょうど草の葉につく蛭が葉の先に達し、さらに一歩を進めてその身を収縮するように、このアートマンはこの肉身を捨て、無意識状態を離れて、〔別の身体へと〕さらに一歩を進めてその身を収縮し〔次の生存に移るのである〕。

ちょうど刺繡する女が刺繡の一部をほどいて、別のさらに新しく、さらに美しい模様を作り出すように、このアートマンも、この肉身を捨て、無意識状態を離れて、別のもっと美しい形――あるいは祖霊の、あるいはガンダルヴァの、あるいは神の、あるいは造物主の、あるいはブラフマンの、あるいは他の生物の〔形〕――をとる。
（『ブリハッド・アーラニヤカ・ウパニシャッド』四・四・三〜四）

と、ヤージュニャヴァルキヤは輪廻をこのように説明している。

輪廻思想の起源については推測の域を出ないが、最初はインドの原住民から示唆をうけたものともいわれている。ギリシャ哲学においても、この種の考え方はなかったわけではないが(metempsychosis)、インドほどに民族全体にわたって広くかつ深く信奉されたところはないであろう。すべてのインドの哲学諸体系は、おそらく唯物論を唯一の例外として、この輪廻を前提としているのである。

この思想がはっきりとした形で説かれるにいたったのも、業の思想と同じく、古ウパニシャッドにおいてである。パンチャーラ国王プラヴァーハナ・ジャイヴァリは、ヤージュニャヴァルキヤの師と伝えられるバラモンの有名な哲人ウッダーラカ・アールニの求めに応じて、人間の死後の運命に関して、かつてバラモンに伝わったことのない、王族だけの教えであった「五火説《ごかせつ》」と「二道説《にどうせつ》」とを教示したと言われる。

あるとき、ウッダーラカ・アールニの息子であるシュヴェータケートゥは、パンチャーラ族の部族集会に出席した。そのおり、プラヴァーハナ・ジャイヴァリがシュヴェータケートゥに、「若者よ、そなたの父はそなたに教えを授けたか」と質問した際、シュヴェータケートゥは「はい、私に教えてくれました」と答えた。そこで、プラヴァーハナ・ジャイヴァリは、シュヴェータケートゥに、（1）「生きとし生けるものは死後、この世から何処へ行くのか」、（2）「それらがどんなふうにして再びこの世に戻って来るのか」、（3）「神道と祖道とがはっきり分かれているのを知っているのか」、（4）「なぜあの世が死者でいっぱいにならないのか」、（5）「第五番目の祭火への献供のとき、どうして水が人間の言葉を話すか」という難しい五つの質問をやつぎばやに質問した。

ところが、シュヴェータケートゥがこれら五つの質問のうち、どの一つにも答えることができず、プラヴァーハナ・ジャイヴァリから「こんなことについて知らない者がどうしてすでに父から教わったといえるか」と辱められて、がっかりして父親の許に帰ってその旨を報告した。

それを聞いて、父親ウッダーラカ・アールニは自分も知らなかったと告白し、父親自身が王のところへ出掛けていって、王に教えを請うた。王は当惑したが、この知識はかつてバラモンに伝えられたことはなく、クシャトリヤだけの教えとなっていたことを明らかにしてから、五火説と二道説の説明を与えた。

「五火説」の基礎には水を生命の根源とする思想があるといわれている。それによると死者が火葬に付されると、その生命である水は、火葬の煙となって天界に昇り、まず（1）月に到る。水が月に満ちると、（2）雨となって地上に降る。地上に降った水は、草木の養分として摂取されて、（3）食物となる。食べ物は食されて、男子の（4）精子となる。性交によって、母胎に入って、（5）胎児となって、この世に再生するのである（『チャーンドーギヤ・ウパニシャッド』五・四〜九）。

この五火説は、水を生命の根源とする思想と、当時行なわれていた火葬の習慣と来世信仰と降雨の自然現象とを結びつけて、無限に繰り返す輪廻の五段階の過程を、五個の供犠の祭火になぞらえて説明しているように思われる。

「二道説」の場合には、人間は死後、月の世界に入り、やがてまた地上に降下して再生するという過程が無限に反復されることを説いているだけの五火説とは趣をことにしている。二道説の「二道」と言うのは、死者のたどる道である神道と祖道とを指している。

「神道」は、五火の教義を知っている人々、および森林において「信仰は苦行である」と念想する人々の死後たどる道である。死後、火葬に付されると、まず（1）炎に赴く。炎から（2）昼に、昼から（3）月の満ちる半月に、月が満ちる半月から（4）太陽が北行する六カ月に、太陽が北行する六カ月から（5）歳《とし》に、歳から（6）太陽に、太陽から（7）月に、月から稲妻に赴く。そこに人間ではない不死の人（プルシャ）がいて、稲妻に来たものたちを、（8）ブラフマンへ連れていく——この道が神道である。

他方、「祖道」は、村落において「祭祀と浄行とは布施である」と念想する人々の死後たどる道である。火葬に付されると、（1）火葬の煙に赴き、煙から（2）夜に、夜から（3）月の欠ける半月に、月の欠ける半月から（4）太陽が南行する六カ月に赴く。太陽が南行する六カ月から、（5）祖霊の世界に、祖霊の世界から（6）虚空に、虚空から（7）月に赴く。

この月に祭祀・浄行の果報があるあいだ留まったのち、かれらは来た時と同じ道を再び（8）虚空へ戻り、虚空から（9）風に赴く。かれらは風となり、ついで順次（10）煙、（11）霧、（12）雲、（13）雨となって地上に降り、米・麦・草・木・胡麻・豆としてこの世に生まれる。こからは、脱却することが実に難しいとされている。なぜならだれかがかれらを食物として食べ、食物が変じた精子を射出するときに、再び母胎に入って再生するという課程が必要であるからである。いずれにしても、このように進む道が祖道である。

しかもこのように地上に再生する際、そのものは前と同じ境遇に再生するのではない。どのような境遇に生まれるかは、この世での行ないのいかんによるとされている。すなわち、この世で好ましい生活を行なっている人々は、好ましい母胎——すなわちバラモンの母胎かクシャトリヤの母胎か、あるいはヴァイシャの母胎——に入る。しかしこの世で悪臭を発する生活を行なっている人々は悪臭を発する母胎——すなわち犬の母胎、豚の母胎、あるいはチャンダーラの母胎

──に入る、と説かれている。

前述の二道の諸階梯のうち、昼、月の満ちる半月、太陽が北行する六カ月、夜、月の欠ける半月、太陽が南行する六カ月は、空間的な観念ではなく、時間的観念であるから、死者がそれらに赴くということは理解しがたいが、これはブラーフマナ文献の思惟方法をそのまま受けついだものので、抽象概念も時間的観念もすべて実体性を有すると考えられ、物質的な事物と区別なく扱われているのであろう。

このほかに、その二つの道に入ることができない極悪人が落ちるべき、「第三の場所」がある。この場合の極悪人は、黄金を盗むもの、スラー酒（穀酒）を飲むもの、師の床を汚すもの（＝師の妻を犯すもの）、バラモンを殺すもの、およびこれらと交わるものであるという。

プラヴァーハナ・ジャイヴァリの説く二道説の大要は以上の通りであるが、簡単にいえば、「神道」は解脱する人がたどる道であり、「祖道」は善人のたどる道であり、「第三の場所」は悪人の赴くべき場所であるといえるであろう。このように輪廻するので、あの世で死者の世界が死者でいっぱいにならないと説明している。またこの第三の場所が後代になると地獄の観念に発展していくことになる。

五火説と二道説とは、本来、思想内容をことにしているが、おそらく人が死後、月の世界に赴いてから、さらに地上に再生すると説く点で一致するために、「五火二道説」としてあわせて言及されるのが通例である。

二道説の説く、神道・祖道・第三道の説は、プラトーンがソクラテスの所説であるとして伝えているものを想起させるものがあることが、中村元博士によって指摘されている。プラトーンによると、

　生きている間に、肉への隷属から解放された真の哲学者の魂は、死後には見えざる世界へと出発して、神々と交わる祝福のうちに暮らすであろう。真の哲学者だけが、死に際して天上へゆく（＝神道）。しかし肉体を愛した不浄な魂は、墳墓をさまよう幽霊となるか（＝祖道）、或いはそれぞれの性格に従って、うさぎや馬や狼や鷹といった動物の身体に宿ることとなるであろう。哲学者であることなしに有徳であった人間は、蜜蜂や黄蜂、或いは蟻といった群居的で社会性を持つ動物になるだろうと言う（＝第三道）。死後における魂の運命を略述すると、善人は天国へゆき（＝神道）、悪人は地獄へゆき（＝第三道）、中間の人々は煉獄へゆくのだ（＝祖道）と言う」

（中村元『古代思想』四八八ページ）

四　解脱

さきに見たように、二道説においては、神道をへてブラフマンの世界に赴くことが理想的状態、すなわち解脱の状態を達成することにほかならない。しかし、今までに見てきた『チャーンドーギヤ・ウパニシャッド』の二道説では、「ブラフマンの世界」に関しては沈黙しているが、それよりも新しく成立した『カウシータキ・ウパニシャッド』（一・一〜七）では、来世に関する叙述がなされている。

あるとき、チトラ・ガーンギヤーヤニが祭祀を行なおうとして、ウッダーラカ・アールニを祭官として選んだが、かれは自分の息子のシュヴェータケートゥをチトラ王の所へ派遣した。そのとき、チトラ王がシュヴェータケートゥに、王を連れて行くことができる秘密の場所がこの世にあるか、またそこへ行く道があるか、と尋ねたとき、それに答えることができず、父のところへ行って、父に尋ねる。しかし、父もそれを知らなかったので、父子そろってチトラ王の所へ赴いた。そこで、王がウッダーラカ・アールニとその子シュヴェータケートゥに神秘的な秘密の場所について説いたものとされている。

これによると、霊魂が天の門である月を通過して、さらに、火神、風神、ヴァルナ神、インドラ神、プラジャーパティ神の世界をへて赴くブラフマンの世界の情景が比較的詳しく述べられている。

まさにその世界にはアーラという湖水があり、「〔祭火への〕献供を破壊するもの」という時間単位があり、「不老」という川があり、「イリヤ」という樹木があり、「完全なる支配」という場所があり、「不敗」という城が〔あり〕、インドラとプラジャーパティが門衛である。「広大」という宮殿があり、「賢明」という玉座があり、「無量の威力」という臥床がある。……このように知っている人はそこ（ブラフマンの世界）にいたる。ブラフマンはかれにいった。

「……かれはじつにわが威力によって、『不老』川に着いた。かれはもはや年をとることがないであろう」。

かれは「不老」という川にいたる。かれはその川を心によって渡る。そこでかれは生前なした善悪の業を捨てさる。かれの愛する肉親たちは、かれの生前になした善業を受けつぎ、かれが憎いと思う〔肉身たちはかれの〕生前になした悪行を受けつぐ。

そのとき、ちょうど車に乗って疾駆している者が二つの車輪を見下ろすように、かれは昼と夜とを見下ろすのである。そのように、生前になした善業と生前になした悪業とを、そしてすべての一対となっているものを見下ろすのである。

そういうかれは、生前になした善業を離れ、生前になした悪業を離れ、ブラフマンを知り、ブラフマンそのものに帰入する。

この来世に関する叙述は、やがて生まれてくる極楽浄土の観念の先駆と見ることも可能であろう。また、必ずしも十分な理解が得られないが、善悪の業のような二元対立を越えたところに、またブラフマンを知り、ブラフマンそのものに帰入するところに、理想的境地を見出している点で注目に値いするであろう。ここでは解脱という言葉は用いられてはいないものの、その境地に限りなく接近している。

理想の境地は、ウパニシャッドの哲人たちによっていろいろに表現されているが、時代の流れとともに、次第に解脱（mokṣa）と呼ばれるようになった。ここでは、後世の解脱の観念をよく示している例を、もっとも古い成立と考えられるウパニシャッドの一つから選んで紹介することにしたい。

ある日、ヤージュニャヴァルキヤが「ジャナカ王と議論しよう」と考えて、ヴィデーハ国のジャナカ王のもとに赴いて、二人のあいだに対論が始まった。最初に、王がヤージュニャヴァルキヤに「人間は何を光としているのか」と質問し、それに対してヤージュニャヴァルキヤは、最終的に「人間はアートマンを光としている」と答える。そこで王が「アートマンとはいったいどんなものであろうか」と尋ねたのに対して、ヤージュニャヴァルキヤが答える。

認識からなり、諸生気のうちにあり、心臓のうちにある内部の光であるプルシャなるもの、それが〔アートマンであり、すべてのものに〕共通であって〔この世界とあの世界との〕二つの世界を動きまわり、あたかも瞑想するかのようであり、あたかも動揺するかのようであり、夢眠〔の状態〕となってこの世界と諸々の死を超越する。

このプルシャは、生まれ肉体を得るとき、悪と結合する。それが〔この世を〕去り、死ぬとき、諸悪を捨てる。

このプルシャには、ただ二つの状態があるのみである、すなわちこの世に〔ある状態〕とあの世に〔ある状態〕とである。第三の〔両状態をつなぐ〕接続状態は、夢眠状態である。この接続状態にあって、人は両方の状態を見るのである。この夢眠状態は、あの世にある状態への道であるから、この道に入ると、かれは〔この世の〕悪と〔あの世の〕歓喜の両方を見るのである。かれが眠るとき、あらゆるものを包含しているこの世界の要素を取って、みずから破壊し、みずから創り出し、みずからの輝きにより、みずからの光によって眠る。このときこの人はみずからを光明とするものとなる。

（『ブリハッド・アーラニヤカ・ウパニシャッド』四・三・七〜九）

この問題の対論がいちおう終わったところで、ジャナカ王は、ヤージュニャヴァルキヤに「これからは、解脱（vimokṣa）のためだけに、お話し下さい」（『ブリハッド・アーラニヤカ・ウパニシャッド』四・三・一六）と頼むのである。それに答えて、ヤージュニャヴァルキヤが解脱について話しはじめる。かれは、最高の境地をつぎのように述べている。

「……さて一方、あたかも〔かれが〕王であるかのように、あたかも〔かれが〕神であるかのように、『この世のありとあらゆるものはわたくしである』と考えるその〔状態、すなわち熟睡状態〕は、かれの最高の世界（paramo lokaḥ）である。その状態では、〔かれは〕いかなる欲望の対象をも求めず、いかなる夢をも見ないのである。

それはアートマン〔のみ〕を求め、欲望の対象が手に入れられ、無欲であるかれのすがたなのである。それは、すなわち愛する女性に抱擁された人は、外なるものを内なるものをも感知しないのと同様に、その人（puruṣa）が、智慧我（prājñenātmanā）に抱擁されたときには、外なるものをも内なるものをも感知しない。

それは、すでに欲求は満たされ、アートマンがかれの唯一の願望であり、欲望もなく、憂いを離れているかれのすがたである。そこにおいては父も父ではなく、母も母ではなく、世界も世界でなく、神々も神々でなく、ヴェーダもヴェーダでなく、またそこにおいては盗賊も盗賊でなく、……チャンダーラもチャンダーラでなく、……苦行者も苦行者でなく、善業によってつきまとわれることもなく、悪業によってつきまとわれることもない。何となればかれは心の内の一切の憂いを超越したからである。……

〔熟睡状態で〕かれが認識しないという場合には、認識しながらも、認識すべき対象を認識していないのである。なぜなら、認識の主体の認識作用が喪失することはないからである。それが帰滅することがないためである。しかし、そのものとは別の、〔そのものから〕離れたもので、かれが認識するであろうもう一つ別のものは存在しないのである。……

かれは水〔のごとく透明であり〕、唯一で、第二のものをもたない（advaita）見る主体である。これはブラフマンの世界（brahmaloka）である、大王よ」。このようにヤージュニャヴァルキヤはジャナカ王に教示した。「これはかれの最高の帰趨（gati）である。これはかれの最高の達成（sampad）である。これはかれの最高の世界である。これはかれの最高の歓喜（ānanda）である。その他の存在は、まさしくこの歓喜のほんの一部によって生きている」。

（『ブリハッド・アーラニヤカ・ウパニシャッド』四・三・二一〜三二）

なかなか理解が容易ではないが、解脱の境地は、熟睡状態を第三の接続状態とする最高の世界、すなわちあの世にある状態であるように思われる。またこの最高の境地はブラフマンの世界であり、最高の帰趨・最高の達成・最高の歓喜などと捉えられている。後期に属する『マーンドゥーキヤ・ウパニシャッド』にいう覚醒状態・夢眠状態・熟睡状態という三状態を超越した第四位という絶対的境地を意味しているのであろう。この境地に達するための手段については述べられていないが、アートマンを知ることが、そのまま解脱であると考えていたのであろう。

解脱の状態は、あらゆる束縛を離れ、いかなる業ももはや無力であり、生死を超越した、梵我一如の境地である。このような絶対の境地を実現するための手段は、ブラフマンあるいはアートマンの知識を獲得することである。

「……なぜなら、いわば二元性といったものがあるならば、その場合にはAはBを見、その場合にはAはBを嗅ぎ、……AはBを認識する。しかしある人にとって一切がアートマンとなったときには、かれはなににによってなにを見るであろうか。かれはなににによってなにを嗅ぐというのであろうか。……かれはなにによってなにを認識するのであろうか。

それによって、この一切を認識するところのもの、それをなににによって認識することができようか。このアートマンは、ただ「そうではない。そうではない」と説かれる。アートマンは不可捉である。なんとなればアートマンは補捉されないからである。アートマンは不壊である。なぜならアートマンは破壊されないからである。アートマンは無執着である。なんとなればアートマンは執着しないからである。アートマンは束縛されることなく、動揺せず、毀損されることもない。ああ、認識の主体をなにによって認識することができようか。おまえはすでに教えをうけたのである。マイトレーイーよ。ああ、不死とは実にこのようなものである」と、こう語り終わって、ヤージュニャヴァルキヤは去っていった。

（「ヤージュニャヴァルキヤ仙の遺誡」
『ブリハッド・アーラニヤカ・ウパニシャッド』四・五・一五）

以上、ウパニシャッドにおける業・輪廻・解脱の観念を原文にそくして簡単に概観した。このような考え方が、次第に後代のヒンドゥー教や仏教やジャイナ教の思想家たちの手によって理論的に整備され、さまざまな理論が成立するにいたったのである。

ちなみに初期の仏教でも、仏教の修行そのものを「アートマンに関する、真実無上の、ブラフマンへ赴く車乗」と呼び、修行を完成した修行僧は「このように現在において欲楽なく、静まり、清涼となり、楽しみを感受しつつ、ブラフマンとなったアートマンによって住する」といわれている。

後代の発展した解脱観については、第六章で見ることにしたい。

第四章

認識論と論理学

一　インド哲学の伝統

本章で取り上げる認識論と論理学は、いうまでもなく西洋哲学の術語であって、インド哲学にはそれと完全に一致する学問領域があるわけではない。しかしそれに対応する問題が、インド哲学の伝統のなかで詳細に論じられているので、ここで紹介することにしたのである。

周知のように、西洋哲学の伝統においては、認識論（epistemology）は、主観と客観との連関において成立し、その問題として、認識の源泉・範囲・妥当性を究明する哲学理論として、近年になってから重要な位置を占めるにいたり、しばしば形而上学または存在論とならんで、哲学の二大部門をかたちづくっているといわれている（本書七三～七四ページ参照）。他方、論理学（logic）は、認識論が知識と真理の性質についての学問であるのに対して、正しい思考の形式および法則を研究する学問であり、妥当な推理を支配している原則に関する形式科学であるといわれ、形式論理学の祖といわれるギリシャのアリストテレスによって基礎がおかれた。

インド哲学の伝統においては、認識論と論理学の問題は、プラマーナ（pramāṇa）をめぐる議論のなかで扱われるのが通例である。プラマーナとは、一般にプラマー（pramā）すなわち「正しい認識（知識）」を与える手段、あるいは方法であると解されている。中国の仏教徒はこれを「量」と訳しているが、現代語訳としてはしばしば「知識手段」「認識根拠」「認識方法」などという言葉が当てられている。ここでは「認識方法」という訳語を用いることにしよう。

では、なにをもって正しい認識を与える認識方法とするか、ということになると、ただ一種の方法を認める学派から、六種の方法を認める学派まであり、哲学学派によって異なる。インドの唯物論者であるローカーヤタ派は、認識方法としてプラティアクシャ（pratyakṣa, 知覚知、直接知覚）だけを認め、ヴァイシェーシカ学派は、このほかにアヌマーナ（anumāna, 推理、推論）を認めている。仏教論理学者も、この二つの方法のみを承認している。

しかしサーンキヤ学派は、この二種の方法のほかにシャブダ（śabda, 証言、信頼できる人のことば）を認めている。ニヤーヤ学派は、この三種の方法のほかに、さらにウパマーナ（upamāna, 類比、類推）を加えて四種とし、ミーマーンサー学派のプラバーカラ派は、さらにアルターパッティ（arthāpatti, 論理必然的結論、論理的要請）を加えて五種とし、ミーマーンサー学派のクマーリラ派と後期のヴェーダーンタ学派は、さらにアヌパラブディ（anupalabdhi, 無知覚、非認識）を加えて六種の方法を認めている。しかも同じ術語を用いていても、学派によって、その意味内容を異にしている。

インド哲学の伝統における認識論の問題は、この認識方法――認識の源泉と考えてよいであろう――に関連して、その種類のみならず、範囲・妥当性なども含めて議論される。論理学の問題、とくに形式論理学の問題は、主としてこの認識方法のうちの推理に関連して取り上げられ、詳細・厳密に論じられている。しかしインドの論理学は、本来論争の論理学であり、仏教では「因《いん》明《みょう》」(hetuvidyā) というように、因すなわち理由を検討することを主眼としている。世界中には多くの民族がいるが、論理学を生み出した民族は、世界思想史上で、ギリシャ人とインド人の二民族だけである。

インドにおいて認識論と論理学の問題がどのように扱われているのか、その実際を見るために、一三世紀のニヤーヤ学派の学者ケーシャヴァ・ミシュラ (Keśavamiśra) の著わした、インド認識論・論理学の代表的な入門書の一つである『タルカ・バーシャー』(Tarkabhāṣā,『論理学解説』) の一部分を邦訳し、若干の説明を加えることにしよう。

なお、『タルカ・バーシャー』という同じ題名をもった文献は、ここに訳出したニヤーヤ学派のケーシャヴァミシュラによるもののほかに、次の三点が知られている。(1) ジュニャーナシュリー (Jñānaśrī, 九八二～一〇五五) による未出版の文献、(2) インド仏教最後期を代表する経量部の学僧モークシャーカラグプタ (Mokṣākaragupta, 一一～一二世紀) によるもの (梶山雄一訳『論理のことば』中公文庫、一九七五)、(3) ジャイナ教の学匠ヤショーヴィジャヤ

（Yaśovijaya, 一六二四～一六八八）によるものである。

邦訳のテキストとしては、*Tarkabhāṣā by Keśavamiśra*, Critically edited by Narayan Nathaji Kulkarni〔Poona Oriental Series No. 17〕. Poona: Oriental Book Agency, 1953 を使用する。

ただし邦訳中、〔　〕の部分は、原文にはないが理解を容易にするために、筆者が補ったものであり、（　）の部分は、サンスクリットの原語または筆者の補足説明であることを示す。また読者の理解を援けるために、筆者による［解説］を、適宜、訳文中に挿入した。

二　『論理学解説』邦訳と解説

序説

あまり勉強しないで論理学の体系に入門したいと願っている力弱い愚か者のために、私は、簡潔にして理にかなったこの『論理学解説』をあらわす。

「認識方法と、認識対象と、疑惑と、目的と、実例と、定説と、構成部分と、考察と、決定と、論議と、論争と、論詰と、誤った理由と、詭弁と、誤った非難と、敗北との、真理の認識に基づいて、至上の幸せが達成される」――以上は『ニヤーヤ・スートラ』の第一スートラである。

［解説］インド哲学諸学派は、その学派の根本的な学説をまとめた、スートラ体というきわめて簡潔な文章――なかにはあまりにも簡潔で、注釈がなくては理解できないものもある――で書かれた文献をもっている。論理学を本領とするニヤーヤ学派は、開祖ガウタマ（五〇～一五〇ころ）の作と伝えられる『ニヤーヤ・スートラ』を根本的な文献としている。しかしその編纂は二五〇～三五〇年ころと推定されており、三五〇年ころ本文で言及されるヴァーツヤーヤナが詳細な注釈『ニヤーヤ・スートラ注解』を著わして、この派の体系を確立した。

ここにまず引用されているのは、『ニヤーヤ・スートラ』の冒頭に出てくる第一スートラである。認識方法、認識対象など一六の項目が列挙されているが、『ニヤーヤ・スートラ』全体はこれらの項目の解明に終始しているといってよい。換言すれば、ニヤーヤ学派の研究対象はこれらの一六項目であるということになる。

しかしそれに尽きるのではなくて、論理学の探究を本領とするニヤーヤ学派においてすらも、それらの項目の「真理の認識」を通じて、至上の幸せ、すなわち解脱を達成することを究極の目的としていることに注目すべきである。ここに、前章で述べたように、西洋哲学にみられないインド哲学の特徴がみられる。

この意味は、認識方法など一六の項目の真理の認識から、解脱が得られる、ということである。そして、これらの〔認識方法などの〕提示と定義と検討がなされない限りは、認識方法などの「真理の認識」すなわち正しい認識はない。〔それは『ニヤーヤ・スートラ』の〕注解作者〔ヴァーツヤーヤナ〕がいっていることである。

「そしてこの学問の手続きは、提示と定義と検討の三通りである」(『ニヤーヤ・スートラ注解』一・一・二)

しかるに、「提示」とは、ただ名前だけで、事物を指示することである。そしてそのことは、まさにこの〔先に引用した〕スートラでなされた。しかるに「定義」とは、〔他と〕共通でない属性を述べることである。牛の〔他と共通でない属性は〕、喉の垂れ肉などをもっていることである。「検討」とは、定義されたものに、〔その〕定義が成立するか否かという考察である。〔提示はすでに、先に引用したスートラでなされた。〕それゆえに、これらの〔まだなされていない〕定義と検討が、認識方法などの本性の認識のために、なされるべきである。

認識方法

認識方法 pramāṇa

1その〔『ニヤーヤ・スートラ』の第一スートラ〕において、認識方法が最初に提示されたので、まず第一に認識方法の定義が述べられる。認識方法とは、正しい認識の手段（pramākaraṇa）である。そしてここにおいて認識方法は、定義されるべき対象（lakṣya）であり、正しい認識の手段は、定義（lakṣaṇa）である。

［問］もし認識方法が、正しい認識の手段であるならば、その場合にはその手段の結果が述べられるべきである。なぜなら手段とは、かならず結果を生むものであるから。

［答］その通りである。正しい認識（pramā）こそが結果である。すなわち、〔その手段によって〕実現されるべきもの、という意味である。切断の手段である斧の結果は、切断にほかならない。

正しい認識 pramā

2［問］では一体、認識方法を手段とする正しい認識とはなにか？

［答］正しい認識とは、事物そのままの直観（yathārthānubhava）である。事物のそのままの

という〔限定によって〕、事物のとおりでない〔知である〕疑惑（saṃśaya）、誤解（viparyaya）と熟慮による知識（tarkajñāna）を排除する。「直観」（anubhava）という〔語によって〕、記憶を排除する。「記憶」（smṛti）とは、すでに知られたものを対象とする知である。直観は、記憶とは異なる知である。

手段 karaṇa

3〔問〕では一体、手段とはなにか？

〔答〕「手段」とは、〔結果を生み出すのに〕もっとも効果的な働きをするものである。「もっとも効果的な働きをするもの」とは、最良の働きをするものであり、もっとも優れた原因である、という意味である。

原因 kāraṇa

4〔問〕「効果的な働きをするもの」とは、「原因」〔である〕と〔君は主張するけれども、その両語は〕同義語ではないか。それゆえに「その原因とはなんであるか」ということは知られていない。

〔答〕原因とは、必然的にかつ無条件に、結果よりも前に存在するものである。布の原因は、糸や織機などであるように。布が生ずるときに、たとえ偶然にやってきた驢馬が、〔結果である布よりも前に〕存在するとしても、その〔驢馬が結果よりも前に存在することは〕必然的ではない。

他方、糸の色は、必然的に〔結果である布よりも〕前に存在している。しかし〔糸の色は、布が作られることに対して直接関係はないから、布の原因であるとはいえない。糸の色は、糸が存在するから、布が作られる前に必然的に存在しているにすぎない、すなわち〕他のものによって条件づけられて成立している〔のであって、直接的に無条件に存在しているのではない〕。〔糸の色は、〕布の色を作り出すのに尽きてしまうからである。〔布の色のみならず、〕布に対しても原因である、とする場合には、〔因果関係の〕適用範囲を広げすぎる、という誤謬が起きるからである。それゆえに、原因であるということは、「無条件に存在し、かつ必然的に前に存在すること」である。

〔それゆえに〕結果であるということは、「無条件に存在し、かつ必然的に後に存在すること」である。

ある人は、「原因とは、結果〔があったり、なかったりするの〕に対応して、あったり、なかったりするものである」と主張するが、それは正しくない。なぜなら、〔音声などを結果とする〕常住にしてかつ遍在する虚空など〔の実体〕は、時間的にも、空間的にも、存在しないということは成立しないから、〔虚空が、音声のあったり、なかったりする〕原因ではない、という誤謬が付随して起きるからである。

5そしてその原因は三種類である。内属因（samavāyikāraṇa）と非内属因（asamavāyikāraṇa）と動力因（nimitta）との別があるからである。

まさにこの三種の原因の間で、なんらかの形で優勢なもの、それこそが手段である。これによって、「認識方法とは、正しい認識の手段である」という〔認識方法の〕定義が確立された。そしてそれらの認識方法は四つである。また同様に、『ニヤーヤ・スートラ』も〔次のようにいっている〕。

「認識方法とは、直接知覚・推論・類推・信頼されるべき言葉である」（一・一・三）

直接知覚 pratyakṣa

6［問］では一体直接知覚とはなにか？

［答］直接知覚とは、直覚的な正しい認識（sākṣātkāriṇī pramā）の手段である。そして感覚器官から生ずる正しい認識のみが、直覚的な正しい認識といわれる。そしてそれには二種ある。有分別な〔直接知覚〕と無分別な〔直接知覚〕の区別があるから。その〔直覚的な正しい認識〕の手段は三種である。すなわちある時には感覚器官であり、ある時には感覚器官と対象との接触で

あり、ある時には知（jñāna）である。

〔解説〕直接知覚は、もろもろの認識方法のうちでもっとも基本的なものと考えられており、その性格などは各学派で異なっているとはいえ、すべての哲学学派によって承認されている。視覚・聴覚などの感覚器官によって直接に対象を知覚する直接認識を指している。ちなみに『ニヤーヤ・スートラ』一・一・四において、直接知覚は「感覚器官と対象との接触から生ずる認識であって、ことばで表現することのできない、誤ることのない、決定性のものである」と定義されている。それには、有分別な直接知覚と無分別な直接知覚の二種に分けるのが通例である。無分別と有分別の区別については、以下の議論で説明される。

〔問〕では、いつ感覚器官が〔正しい認識の〕手段であるのか？

〔答〕無分別を本質とする正しい認識が結果であるときである。例えば、アートマンが意と結合し、意が感覚器官と、感覚器官が対象と〔結合する〕。〔最後の結合は必要不可欠である。〕感覚器官は、事物に到達して、照明の作用をするということが決まっているからである。それから対象と接触した感覚器官によって、名称・種類などとの結合を欠いた、無分別にして、事物のみを理解する「これは何物かである」という知（観念）が生ずる。この知（観念）の手段は感覚器官である。斧が切断の〔手段〕であるように。感覚器官と対象との接触は間接的な作用である。切断の手段である斧にとって、木材との結合が〔間接的な作用で〕あるように。無分別の認識が〔その〕結果であるのは、ちょうど斧の〔結果が〕切断であるようなものである。

〔解説〕このテキストでは、この認識方法の後で、これらの認識方法によって認識される認識対象が問題とされるが、著者はそれについて『ニヤーヤ・スートラ』の「ところで認識対象とは、アートマン（霊魂）と、身体と、感覚器官と、感覚の対象と、思考作用（buddhi）と意（manas）と、活動と、過失と、死後の生存（輪廻）と、〔行いの〕報いと、苦と、解脱とである」（一・一・九）を引用し、その一々について解説をしている。

ニヤーヤ学派は、他の学派とおなじく、人間存在の中心にアートマンの存在を認めている。このアートマンとは別に、感覚器官と意があり、人間の知覚活動に関与していると考えられている。この意は、原子大の大きさであり、アートマンと結合している内的器官（antarindriya, 内官）であり、快感などを知覚する場合の手段である。また感覚器官は、意と結合して外界の対象を知覚するのであるから、意は一切の知覚を成立させるものとされている。しかし意自身は直接知覚によっては認識されないが、一つの認識作用が他の認識作用と同一時にはおこらないということが、この意の存在を推知させるといわれている。マナス

(manas) は、しばしば「意」とか「思考器官」などと訳されるが、その概念は、各学派ごとに異なっていて、複雑である。

有分別・無分別は、仏教で用いるサンスクリット語 (savikalpaka, nirvikalpaka) の漢訳語であるが、現在日常的に用いられる意味とはまったく異なる。感覚器官が外界の対象に接触したとき、まず最初に「これは何物かである」という知が生ずるが、この場合にはその対象の名称(例えば、太郎)や類概念(例えば、バラモンなど)と結合する以前の知であって、認識主体が認識対象を「これは太郎である」などと理解する判断を欠いた知である。それに対して有分別知は、つぎにみるように、そのような判断をともなった知をさしている。

〔問〕では一体、いつ感覚器官と対象との接触が〔正しい認識のための〕手段となるのか?

〔答〕無分別な観念の起こった直後に、有分別の、すなわち名称・種類などの結合を本質とする「これはディッタ(人名)である」「これはバラモンである」「これは黒い」(これは黒い色の、バラモン、ディッタである)といって、限定するものと限定されるもの(主語と述語)を理解する認識が生ずるとき、このとき感覚器官と対象との接触が〔正しい認識が起きるための〕手段である。〔このとき、〕無分別知が間接的な作用である。有分別知が結果である。

〔問〕では一体、いつ知が〔正しい認識の〕手段となるのか?

〔答〕上述した有分別知の直後に、「捨てる」、「取る」、「看過する」の観念が生ずるとき、そのとき無分別知が〔正しい認識のための〕手段である。有分別知は、間接的な作用である。「捨てる」などの観念は〔その〕結果である。間接的な作用とは、それから生じて、それから生ずるものを生みだすものである。例えば、斧から生ずる斧と木材との接触（＝間接的な作用）は、斧から生ずる切断を生み出すものである。

このことについてある人は次のようにいう。「感覚器官のみが、有分別知などの手段である。しかるに中間にある接触などはすべてが間接的な作用である」と。

〔解説〕この後につづいて、このテキストは直覚的な正しい認識の原因である、感覚器官と対象との接触なるものを、六種あげている。すなわち、（1）結合、（2）結合したものにおける内属、（3）結合したものに内属したものにおける内属、（4）内属、（5）内属したものにおける内属、（6）限定されるものと限定するものとの関係、とであることを指摘し、この六種の接触について詳細に説明して、直接知覚の項を終わっている。

推理 anumāna

7 推理とは、証因によって熟考すること（liṅgaparāmarśa）である。それによって〔あるものが〕

推知されるもの、その〔手段〕が推理である。また〔あるものが〕証因による熟考によって推理される。それゆえに証因による熟考が推理である。またそれは、〔煙の存在から火を推理する場合の〕煙などの認識である。〔火があるという〕推理知に対して手段であるから、火などの認識が推理知である。その〔火があるとの認識のための〕手段が煙などの認識である。

〔解説〕直接知覚はわれわれに直接的な（aparokṣa）認識を与えるのに対して、推理は間接的な認識を与えるにすぎない。推理とは、一般的にいって、直接知覚によってすでに知られている事項にもとづいて、直接知覚できない未知のことがらを推知する手段である。その際、推理の手掛かりとなるすでに知られた事項がリンガ（liṅga, 証因、証相）と呼ばれ、その証因を手掛かりとして推知されるもの、すなわちその証因をもっているものはリンギン（liṅgin）といわれる。

インドで大変よく用いられる推理の実例は、本文にある火と煙の例である。私が谷を見下ろす山に立っていたとする。そのとき谷の向こうの山から煙が空高く立ち昇っていたとする。そのとき、「あの山は火事だ。煙があるからだ」といって、火は実際には目には見えないけれども、煙があるときには必ず火があるという過去の経験に照らして、火がある、すなわち火事であることを推理するのである。この場合の直接知覚によって見ている煙が、火を推理する手掛かりとなる証因（リンガ）である。他方、火は直接知覚によっては見えないが、必ず煙をもっている火がリンギンである。

『ニヤーヤ・スートラ』一・一・五は、推理について「つぎに、それ（＝直接知覚）にもとづく推理に三種ある、すなわち（1）以前に起こったことにもとづく推理（pūrvavat）と、（2）後に起こることにもとづく推理（śeṣavat）と、（3）共通性が見られたことにもとづく推理（sāmānyatodṛṣṭa）とである」と述べている。この分類は、推理を理由と帰結との時間的前後関係にもとづいて行なっているように思われるが、この三種の推理についての解釈は種々ある。

ヴァーツヤーヤナが示している解釈のなかの一つによると、（1）は原因によって結果が推知されるもので、例えば、雲が増大するから雨が降るだろう、という推理であり、（2）は、逆に、結果によって原因が推知されるもので、例えば、河の水が以前の水とは反対に、充満していて、激しく流れているのをみて、上流に雨が降った、という推理である。（3）は、例えば運動にもとづいて前にA地点に見られたものが、後にB地点にみられることである。例えば、前にA地点で見られた太陽が、後にB地点で見られる場合に、感覚器官によって直接知覚されないのに、太陽の運行（vrajyā）が存在するという推理である。

［問］一体、証因（liṅga）とはなにか？　また証因による熟考とはなにか？

［答］証因とは、周延関係（vyāpti）によって、〔知られつつある〕事物を知らしめるものである。煙が、火の証因であるように。すなわち「煙があるところに、そこに必ず火がある」という必ず共存すること（sāhacaryaniyama）が周延関係であり、その周延関係が把握された場合にのみ、「煙は火〔の存在すること〕を推知させる」。それゆえ周延関係によって、火〔の存在すること〕を推知せしめるのであるから、煙は火の証因である。その証因についての第三の認識が、証因による熟考である。すなわち、まず第一に、かまどなどにおいて、繰り返し繰り返し、煙を見つつある時に、火を見る。その繰り返し見ることによって、「煙があるところに、そこに必ず火がある」と、煙と火との本来的な（svabhāvika）結合関係（saṃbandha）があることを決定する。

［解説］サンスクリット語ヴィヤープティ（vyāpti）は、インドの論理学の術語としてきわめて重要である。漢訳では「遍」と訳されるが、日本ではしばしば「遍充」と訳されている。しかし、ヴィヤープティは、西洋の形式論理学の術語でいえば、「周延関係」に近い。この後、テキストは、この本来的な結合関係と、限定的添性による（aupādhika）結合関係との区別を論じ、周延関係は本来的な結合関係でなければならない、と結論している。限定的添性による結合関係の例としては、「マイトリーという女性の子供であれば、必ず肌の色

が黒い」ということを繰り返し経験するとしても、マイトリーの子供であることと、肌の色が黒いこととは本来的ではなく、肌の色を黒くする原因、すなわち限定的添性――著者は野菜などの食物の変質であると解している――があるために、肌の色が黒くなっているにすぎない。しかし煙と火との間には、そのような限定的添性は存在しないと論じているが、若干省略する。

それゆえに、この方法によって、煙と火との周延関係が把握されるとき、かまどにおける煙の認識が、第一の認識である。山などの主張命題の主語(pakṣa)における煙の認識が第二の認識である、ついで、〔「煙があるところ必ず火がある」と、〕前に把握された煙と火との周延関係を想起して、まさにこの山にある煙を、再び熟考する。「あの山には、火と周延関係にある煙がある」という、まさにこの煙の認識が、第三の認識である。そして、この第三の認識は必ず承認されるべきである。そうでなければ、「煙があるところ必ず火がある」というだけに止まるであろう。しかし、この場合に、どうして火が存在することになろうか? それゆえに、「ここにもまた、煙がある」という〔第三の〕認識が検討されなければならない。これこそが証因による熟考である。そして、推理知に対する原因であるから、推理である。それゆえに「この山に、火がある」という推理知に基づく認識が生ずる。

［解説］日常生活において、かまどで火を焚いて料理をするときに煙が出るという経験から、煙と火との周延関係を把握するにいたるが、そのかまどでの煙の認識が第一の認識である。インド論理学における論証式は、インド論理学が敵味方に分かれて行なう論争の論理学であることから、アリストテレスの三段論法とは異なり、まず最初に主張命題がきて、自己の主張を鮮明に述べ、その後で理由が述べられ、ついで実例を述べるという形式を踏む。すなわち、

主張　あの山は火を有する。
理由　煙のゆえに。
実例　なにものでも煙を有するものは火を有する、例えばかまどのように。

テキストでいう主張命題の主語（pakṣa）とは、右の論式の「あの山」を意味している。あの山にある煙の認識が第二の認識である。さらに「あの山には、火と周延関係にある煙がある」という認識、この場合の煙の認識が第三の認識である。この煙こそが火を推理させるものであり、この第三の認識の検討が証因による熟考であり、それが推理である。この後テキストは、第一の認識だけではなく、第三の認識まで必要であることを実例を挙げて論じているが、省略する。

その推理には二種ある、自己のための（svārtha）推理と他人のための（parārtha）推理とである。自己のための推理は、自分が理解するための理由である。例えば、自らかまどなどにおいて、特定の直接知覚によって、煙と火との周延関係を把握してのち、山の近くに行った人が、その山にある火〔の存在〕について疑いを抱きつつ、山にあり、根本がはっきりしない、雲にまで達する一条の煙を見て、その煙を見ることから、潜在印象の覚醒した人が、「煙があるところ、火がある」という周延関係を想起する。ついで、「この山にも煙がある」と理解する。それゆえに、「この山には火もまたある」と、自分だけで理解する。これが自己のための推理である。

しかしある人が、自分で煙から火を推知してのち、他人に知らせるために、〔主張・理由・実例・適用・結論という〕五つの構成部分からなる推論式を用いる。それが、他のための推論である。例えば、

〔主張〕この山は火を有する。
〔理由〕煙を有するがゆえに。
〔実例〕なにものでも煙を有するものは必ず火を有する、かまどのように。
〔適用〕しかるにこの〔山〕も同様である。
〔結論〕それゆえに、そのようである。

主張命題などをもったこの論証式によって教示された正しい理由概念のもつ五つの特質を具えた証因に基づいて、他のものもまた火を理解する。それゆえにこれが他のための推理である。

［解説］第一肢の主張は証明されるべきことを示すいわば仮説であり、論証の主題となっている「あの山」と、その性質である「火」との二つの要素からなっている。前者は宗(pakṣa)、後者は、宗にあることが立証されるべき性質であって、所立(sādhya)と呼ばれる。第二肢の理由の「煙」という性質は、所立が宗にあることを立証するための理由であって、証因(liṅga)と呼ばれる。正しい論証の場合には、「火」という性質と「煙」という性質の間に周延関係(vyāpti, 遍充)がなければならない。

第三肢の実例には、肯定的実例と否定的実例との二種がある。前述の論証形式の場合には、肯定的実例が示されている。否定的実例としては「なにものでも火を有しないものは煙を有しない。例えば湖水のように」が挙げられる。インド論理学の特徴はつねに実例を示すところにあり、その意味で経験主義的である。

また注意すべき点は、西洋の論理学では論理を名辞の外延間の包摂関係において捉えようとするのに対して、インド論理学では抽象的な名辞ではなく、直接具象的なものごとについて捉えようとしていることである。「あの山」と「火」との関係は主辞と賓辞の関係ではなく、性質をもつもの（dharmin, 有法）と性質（dharma, 法）との関係であって、ともに名辞をあらわす語ではなく、ものごとを示す語である。

五つの特質については、のちに詳しい説明がある。

この論証式において、論証されるべきもの（sādhya）は山が火を有するものであることである。理由（hetu）は、煙をもったものであることである。そして、その理由は、肯定的かつ否定的（anvayavyatirekin）である。なぜなら肯定的関係と否定的関係によって、〔主張命題の述語による〕周延関係をもつからである。例えば、「煙をもつものであることがあるところには、必ず火がある。例えば、かまどの場合のように」というのが、肯定的周延関係である。かまどにおいては、煙と火とは、肯定的に存在する関係があるからである。同様に、「火が存在しないところには、必ず煙もまた存在しない。湖の場合のように」というのが、否定的周延関係である。湖においては、煙と火には、否定的関係の存在が見られるからである。しかし、否定的周延関係には、つぎの次第がある。すなわち肯定的周延関係において、周延されるもの（例えば、煙）、それの無が、この場合に周延するものである。また〔肯定的な周延関係において〕周延するもの（例えば、火）、それの無が、この場合に周延されるものとなるのである。

それゆえにこのように、「煙をもつものであること」が理由である場合に、肯定的論法と否定的論法によって、周延関係がある。しかし論証式において、単に肯定的周延関係のみが示されるのであるが、その場合には、肯定的論法一つによっても、目的が達せられるからである。その場合には、肯定的論法の方が直接的であるから、〔肯定的論法のみが〕示されるのである。ある目的が、直接的方法によって論証されるのに、間接的方法によって論証することは妥当ではないからである。また〔否定的論法を述べないのは〕その否定的周延関係がないからではない。それゆえに、このように「煙をもつものであること」という理由概念は、肯定的かつ否定的なものである。

ある理由は、純粋に否定的である。例えば、「アートマンを有すること」が論証されるべきものであるとき、「呼吸などをもっていること」が理由となっている。例えば、

〔主張〕生きている身体はアートマンを有する。

〔理由〕呼吸などをもっているから。

〔実例〕いかなるものでもアートマンをもたないものはなんでも、呼吸などをもたない。瓶のように。

〔適用〕そしてこの生きている身体はそのようではない。

〔結論〕それゆえに、そのようではない。

〔解説〕ニヤーヤ学派と姉妹の関係にあるヴァイシェーシカ学派の根本的な文献である『ヴァイシェーシカ・スートラ』(三・二・四)によると、アートマンの存在することを証明する証因は「呼気、吸気、閉目、生命、意の運動、〔一つの器官に刺激を受けると〕他の器官に変化が起きること、快感、不快感、意欲、嫌悪、意志的努力」といわれている。

この論式において、生きている身体がアートマンを有することが、論証されるべきもの(sādhya)である。呼吸などをもっていることが理由である。そしてその理由は純粋に否定的周延関係のみである。肯定的な周延関係が存在しないからである。例えば、「呼吸をもっているものはなんでも、アートマンを有する。なになにのように」という実例が存在しない。生きている身体の一切は、主張命題の主語(呼吸などをもっているもの)の内に含まれている。〔したがって、生きているものを実例として出すことができない。それゆえに肯定的周延関係の実例が出せないのである。〕

ある別の理由は、純粋に肯定的である。例えば、

〔主張〕声は言い表わされるものである。

〔理由〕認識対象であるから。

〔実例〕なんでも認識対象であるものは、言い表わされる。瓶のように。

〔適用〕そしてこれはそのようである。

〔結論〕それゆえに、そのようである。

この論式において、対象の「言い表わされること」が、証明されるべきことである。「認識対象であること」が、理由である。そしてその理由は純粋に肯定的なもののみである。「言い表わせるものでないもの、それは認識対象ではない。これこれのように」と否定的実例が存在しないからである。けだしあらゆる場合に、確実なもののみが、実例である。そしてそれは「認識の対象であり」かつ「言い表わすことができる」ものである。

そしてこれらの（Ⅰ）肯定的否定的、（Ⅱ）純粋肯定的、（Ⅲ）純粋否定的な三つの理由のうちで、（Ⅰ）肯定的否定的理由は、五つの特質（pañcarūpa）を具えている場合にのみ、自己の証明すべきものを証明することができる。しかし一つの特質すら欠けることがあっても〔でき〕ない。

しかして、それらの五つの特質とは、
（1）理由概念が、主張命題の述語であること（pakṣadharmatva）
（2）理由概念が、主張命題の述語の同類のもののうちにかならず存在するものであること（sapakṣe sattvam）
（3）理由概念が、主張命題の述語と異種類のもののうちには決して存在しないこと（vipakṣād vyāvṛttiḥ）

（4）理由概念が矛盾の対象ではないこと（abādhitāviṣayatva）

（5）正しい反主張を成立させないこと（asatpratipakṣatva）

である。これらの五つの特質は、「煙を有すること」などの肯定的否定的理由概念のうちに存在する。すなわち、

（1）「煙を有すること」は、主張命題である「山」の述語である。「煙を有すること」という理由概念は、山にも存在するから。

（2）同様に、〔理由概念が主張命題の述語の〕同類のもののうちにかならず存在するものであることとは、「同類のもの」であるかまどのなかに「有る」すなわち、存在するという意味である。

（3）同様に、「異種類のもの」である湖から「除外されていること」すなわち、そこには存在しないという意味である。

（4）同様にまた、〔理由概念である〕「煙を有すること」は、その対象が否認されることのないものである。すなわち、「煙を有すること」という理由概念が証明しようとする対象は、証明されるべき命題の述語である。そしてそれは「火を有すること」である。この「火を有すること」は、いかなる認識方法によっても「否認されない」すなわち、崩されないという意味である。

（5）「正しい反主張を成立させないこと」も同様である。「煙を有すること」という理由概念

は、それにとって反対主張が存在しない、ということを意味する。「正しい反主張を成立させないもの」である。すなわち、本来証明されるべきものと矛盾することを証明する他の理由が「反主張」といわれる。また、それは「煙を有すること」という理由には存在しない。知覚されないからである。

このように、五つの特質が、「煙を有すること」という理由には存在する。それゆえに「煙を有すること」は、「火を有すること」を推知させるのであり、「火を有すること」を証明するものである。

しかして、他のいかなる肯定的否定的理由概念であっても、そのすべては、五つの特質を具えた場合にのみ、正しい理由概念である。さもなければ、誤った理由概念であり、誤った理由概念とは、非理由概念（ahetu）、というほどの意味である。

（Ⅱ）純粋肯定的理由概念は、四つの特質を具えているだけで、自己の証明すべきものを確立する。なぜなら、この純粋肯定的理由概念には、異種類のもののうちには決して存在しないことという〔特質〕は存在しない。なぜなら異種類のものが存在しないからである。

また、（Ⅲ）純粋否定理由概念も、四つの特質を具えているもののみが、自己の証明すべきものを確立する。なぜなら、その理由概念にとっては、同類のもののうちにかならず存在するものであることという〔特質〕は、存在しない。同類のものが存在しないから。

以上で、推論が説明された。

［解説］この後、主張命題の主語、同類、異種類についての説明があり、それに続いて不成（asiddha）、矛盾（viruddha）、不定（anaikāntika）、問題相似（prakaraṇasama）、過時（kālātyayāpadiṣṭa）という五種の誤った理由概念について説明しているが、省略する。

類比 upamāna

8類比とは、他の場合に適用される文章の意味を想起することに助けられて、牛との類似性によって限定されている物体を知ることである。例えば都会の住人が、水牛を知らなくても、「水牛は牛のようなものである」という文章を、ある森の人から聞いた後で、森に行って、その文章の意味を想起しつつ、牛との類似性によって限定された物体を見るとき、その文章の意味の想起に助けられて、牛との類似性によって限定された物体を知ることが、類比である。類比の結果(upamiti) を得る手段であるから。牛との類似性によって限定された物体の知識が得られた直後に、「これこそがあの『水牛』という語によって表示される物体である」といって、名称と名称を有するものとの関係の理解が、類比の結果である。それこそが結果である。これが直接知覚や推論によって確立されない正しい認識を確立するものであるから、類比は別の独立した認識方法である。

以上、類比が説明された。

証言 śabda

9 証言とは、信頼すべき人の文章（āptavākya）である。しかるに、「信頼すべき人」とは、あるがままの事柄を教える人である。「文章」とは、期待（ākāṅkṣā）と適合性（yogyatā）と近接性（saṃnidhi）をもつ単語の集合である。それゆえにこそ、「牛・人・象」という単語は文章ではない。単語相互の期待が欠けているからである。「火によって注げ」というのも文章ではない。〔単語相互の〕期待が欠けているからである。なぜなら「火」と「注ぐこと」とは相互に結合する適合性をもたないからである。すなわち「火によって」といって第三格によって、「注ぐこと」という形の結果に対して、火が手段であるということが教えられている。そして火は注ぐことにたいして手段となることは適合性に欠けている。それゆえに、結果と手段の関係を特徴とする関係に関して、火を注ぐことは適合性に欠けているから、それゆえに「火によって注げ」というのは文章ではない。同様に、ひとつずつ、約三時間ごとに、別々に発せられた「牛を」「連れて」「こい」という諸単語も文章にならない。〔単語相互の〕期待があるとしても、相互に結合する適合性があるにしても、相互に近接性がないからである。

しかし、〔単語相互の〕期待があり、適合性をもち、近接している単語こそが、文章である。例えば、「ジョーティシュトーマによって、天国を望むものは、祭りをなすべきである」などの〔ヴェーダ聖典の文章〕。また例えば「川の岸に五つの果実がある」〔などの日常一般の文章〕。また例えば、あの「牛を連れてこい」などの、間を置かないで発音された単語。

それゆえに、つぎの意味が成立する。――聞く人のために、意味を表示することによって、聞く人に、他の単語を対象とする、あるいは他の意味を対象とする期待性を生ぜしめつつあり、理解されつつある相互の結合に適合する意味を表示し、近接している単語の集合が、文章である。

また単語は音節（字音）の集合（varṇasamūha）である。また集合とは、この集合において一つの観念の対象となることがあることである。そしてこのように、順序に従って現われる文字は、〔発音されると〕大変速く消滅するから、一時に沢山の音節を認識することはできない。それゆえに前〔に発音された〕音節を認識して、最後の音節を聞くときには、前〔に発音された〕音節の認識によって生ずる潜在印象に助けられて、最後の字音と結合させて、語源的意味（vyutpādana）と慣習的意味（samaya）の理解に支えられて、聴覚によって、一時に、現に存在し、既に無となった沢山の音節を理解させる、単語の理解が生ずるのである。なぜなら補助的要因が強固であるから。再認識のように。再認識の知覚の場合には、前の状態は、既に過ぎ去ったものであるとしても、眼前に現われるのである。それゆえに前の単語の認識によって生ずる潜在印象に助けられて、最後の単語を対象とする聴覚器官によって、単語の意味の理解に支えられて、沢山の単語を理解させる文章の理解がなされる。まさにこの文章が、信頼すべき人によって用いられる時、「信頼すべき人の言葉」という名の認識方法である。

しかるにこの認識方法の結果は、文章の意味の認識である。そしてこの言葉を特徴とする認識方法は、日常世間においても、ヴェーダ聖典においても共通である。しかし日常世間の場合には、若干の人が信頼すべき人であって、すべての人ではないというこの区別がある。それゆえに信頼すべき人によって述べられた若干の日常世間の文章が認識方法である。しかしヴェーダ聖典の場合には、最上の信頼を寄せるべき幸ある大自在天によって作られたものであるから、一切の文章が認識方法である。なぜなら一切が信頼すべき人の文章であるから。

四つの認識方法が、説明された。これ以外の別の認識方法はない。〔これ以外に〕認識方法があるとしても、この〔四つの認識方法〕に含められるからである。

四つの認識方法を、ほんの僅かばかりの論理に基づいて、ケーシャヴァは、愚昧なもののために、聖典に従って説明した。

以上、認識方法の項目は終わる。

［解説］このテキストでは、ニヤーヤ学派の伝統に従って、五つの構成部分からなる推論式

（五分作法）が採用されている。しかし仏教では、陳那（四八〇～五四〇）が、第四と第五の構成部分「適用」と「結論」を削除し、真に演繹的な三つの構成部分からなる推論式（三支作法）にもとづく新しい論理学（新因明）を提唱した。一四世紀になると、ニヤーヤ・ヴァイシェーシカ学派のガンゲーシャ（一三二五ころ）が、術語をいっそう精確厳密に定義して、新ニヤーヤ学派（Navyanyāya）が成立し、他の諸学派に大きな影響を与えた。

インドの学者たちは、インド哲学について、「神秘主義」といわれるのを大変に嫌うようである。確かに、神秘主義的な側面があることを否定することはできないが、しかしそれがすべてでは決してない。古代第二期以後に書かれた哲学文献の理解には、論理学の知識が必要不可欠の条件といってよいであろう。

第五章

ことばとその意味

郵便はがき

101-0021

お手数ですが切手をお貼りください

千代田区外神田二丁目十八—六

春秋社

愛読者カード係

＊お送りいただいた個人情報は、書籍の発送および小社のマーケティングに利用させていただきます。

(フリガナ) お名前	(男・女)	歳	ご職業
ご住所 〒			
E-mail		電話	

※**新規注文書** ↓(本を新たに注文する場合のみご記入下さい。)

ご注文方法 □**書店で受け取り** □**直送(代金先払い)** 担当よりご連絡いたします。

書店名	地区	書名	
取次	この欄は小社で記入します		

創業100周年
春秋社
Shunjusha Publishing Company since 1918

ご購読ありがとうございます。このカードは、小社の今後の出版企画および読者の皆様とのご連絡に役立てたいと思いますので、ご記入の上お送り下さい。

本のタイトル〉※必ずご記入下さい

●お買い上げ書店名(　　　　　地区　　　　　書店　)

本書に関するご感想、小社刊行物についてのご意見

※上記感想をホームページなどでご紹介させていただく場合があります。(諾・否)

●購読新聞	●本書を何でお知りになりましたか	●お買い求めになった動機
1. 朝日 2. 読売 3. 日経 4. 毎日 5. その他 (　　　　)	1. 書店で見て 2. 新聞の広告で (1)朝日 (2)読売 (3)日経 (4)その他 3. 書評で (　　　　紙・誌) 4. 人にすすめられて 5. その他	1. 著者のファン 2. テーマにひかれて 3. 装丁が良い 4. 帯の文章を読んで 5. その他 (　　　　)

●内容	●定価	●装丁
□満足 □普通 □不満足	□安い □普通 □高い	□良い □普通 □悪い

●最近読んで面白かった本　(著者)　　　　(出版社)

書名)

春秋社
電話 03-3255-9611　FAX 03-3253-1384　振替 00180-6-24861
E-mail:aidokusha@shunjusha.co.jp

一　ことばに対する思索

ことばの意味の問題は、近年になって、西洋の哲学界において華々しい議論の対象になってきているが、インド人のことばについての思索の歴史は『リグ・ヴェーダ』にまでさかのぼることができるであろう。

一　わたしはルドラ群神、ヴァス群神とともに歩む。わたしはアーディティヤ群神と、また一切の神々（Viśvadevāḥ）とともに歩む。わたしは、ミトラ、ヴァルナ両神をになう。わたしは、インドラとアグニ、またアシュヴィン双神をになう。

八　わたしは、すべての世界を、風のごとくに吹き散らします。――あらゆる世界を形成しながら。天を超えたところに、この地を超えたところに、わたしは、威力をもって、このように〔大きく〕現われ出ました。

（中村元『ヴェーダの思想』四三三〜四三四ページ）

インドでは、驚くべきほど早くから、ことばのもつ神秘力が、「ことば」を意味するサンスクリット語ヴァーチュ（vāc）の名のもとに、女神として神格化された。前掲の詩はこのヴァーチュ女神に捧げられた『リグ・ヴェーダ』（一〇・一二五）の讃歌であるが、詩人が女神を讃える形をとらず、女神自らが、一人称で語り、自己の偉大さを自讃している。この女神は、のちに聖なる河を神格化した女神サラスヴァティーと同一化され、弁舌・学芸の女神となり、仏教にも採り入れられて、日本では弁才（財）天として尊崇されている。

この讃歌に表現されている女神は、ミトラやヴァルナなど一切の神々を支持し、一切の人間の拠りどころであり、一切万物を把握し、天地に遍在しており、あたかも最高神あるいは宇宙の根本原理の地位を占めているといってよいであろう。このためによく、西洋のロゴス（Logos）に比せられる。インドにおけることばに対する思索は、『リグ・ヴェーダ』にはじまり、ブラーフマナ、ウパニシャッドへと引き継がれ、深められていった。

またヴェーダ聖典は、天啓聖典（Śruti，シュルティ）として絶対視されるようになり、その正しい伝承と解釈のために、補助学として音韻学、文法学、語源学が早くから発達した。ヴェーダ聖典の解釈学・語源学については、ヤースカ（紀元前五〇〇ころ）が『ニルクタ』を著わした。

また各ヴェーダ学派で作られた、各ヴェーダの言語の音声学についての文献『プラーティシャーキヤ』も、解釈学・語源学に関係している。

文法学書としてはパーニニ（紀元前五〜四世紀）の文典『アシュターディヤーイー』（『八篇の書』）が現存最古のものであるが、文法学はもはや単なるヴェーダの補助学の域を脱して、独立の科学として確立した。このようにことばに対する考察・分析が進められるにつれて、ことばの本質や意味についての思弁も行なわれるようになった。

パーニニの文典は、その後カーティヤーヤナ（紀元前二五〇ころ）の『評釈書』およびパタンジャリ（紀元前二世紀ころ）の『大注解書』によって詳細に補修訂正され、微細な点まで規定されて、文法学は一応完成されるにいたった。この両書には、ことばと意味に関する哲学的論議がしばしば見出される。この後、文法学の伝統は著しく衰退したと推定されているが、五世紀後半に彗星のごとく出現したバルトリハリは、この文法学の伝統を見事に復興したばかりでなく、『文章単語篇』を著わして、一つの哲学学派にまで発展させ、インドの言語哲学を代表する理論を打ち立てた。

他方、ヴェーダ聖典の解釈学として発展した哲学学派であるミーマーンサー学派においても、ことばで書かれ、絶対権威をもつヴェーダ聖典の永遠不滅性、無誤謬性を主張するためには、ことばの本質・その意味・ことばと意味の関係などをめぐって論究することが必要不可欠であった。

インドにおける言語哲学の領域においては、この二学派、すなわち文法学派とミーマーンサー学派とがもっとも重要な貢献を果たしたようである。このほか、聖典よりも人間の理性を重視し、すべての客観世界を「単語の意味」(padārtha) と捉える合理主義的実在論のヴァイシェーシカ学派や、反対にすべての客観世界の実在性を否定し、現象虚妄論を唱える仏教など、インドの言語哲学に関する資料は豊富であり、その歴史は長く、かつ深いものをもっている。

インド人のことばに関する見方に、二つの大きな流れを区別することができる。一つは、ことばを、下降して現象世界に現われて、種々な形をとり、賢者にその本質を現わすような神的な存在と見る、ヴェーダ聖典に起源をもつ正統バラモン的伝統である。諸哲学学派のうち、ヴェーダーンタ学派、ミーマーンサー学派、サーンキヤ学派、ヨーガ学派、文法学派、カシュミール・シヴァ派などは、この伝統の流れのなかにある。かれらにとってはことばは絶対的な存在である。

これに対してもう一つの流れは、ことばは任意の、慣習的な道具であると考える、自然主義的経験主義的な言語観である。この立場では、ことばは、われわれに正しい認識を与える認識方法の一つとしての妥当性が否定される。この流れにある学派は、ヴェーダ聖典の権威を否定する、唯物論者、仏教徒などが代表的である。ニヤーヤ学派などは、経験主義的で、ことばを絶対視するわけではないが、前章で見たように、信頼すべき人の文章を正しい認識方法の一つと認めており、いわば二つの流れの中間的な存在と見ることができる。

これらのうちで、言語哲学の領域においてもっとも大きな貢献を果たしたのは、第一の伝統に属するミーマーンサー学派と文法学派である。以下においては、これらの学派を中心に紹介することにしたい。

二　ミーマーンサー学派のことばの理論

ミーマーンサー学は「ダルマの探究」の学問である。ダルマ（dharma）は、人々を至福に導くものとして、ヴェーダ聖典によって、それを実現することが命じられているものであり、祭祀とほぼ同義のものと考えてよい。ミーマーンサー学派によれば、このダルマを知ることができる認識方法はヴェーダ聖典のみであり、ほかのいかなる認識方法もこれを知る手段とはならない。

ミーマーンサー学派ならびにヴェーダーンタ学派の主張するところによれば、ヴェーダ聖典は人間の作ったものではなく、したがって誤謬なく、宇宙の変化・生滅を超越して、それ自身で永遠に実在している。なぜならヴェーダ聖典はことばからなり、そのことばが常住不滅であるからである。これは語常住論といわれるもので、語無常論を主張するニヤーヤ・ヴァイシェーシカ両学派と鋭く対立した。語が常住であるか否か、ということはインドの言語哲学の一つの中心的問題とされた。

ことば

ことば（śabda）は、音声（nāda）とは別であり、無常な音声を超越して、永遠に実在するものである。ことばは人間の努力によって作られるように思われているが、それは作られるのではなくて、たんに常に実在するものが音声によって顕われてくるにすぎない。ことばは常に実在するのであるが、われわれはことばを常に聞くわけではない。なぜならわれわれがことばを聞くということは、発声者の音声によってことばが顕われてくることにもとづいているからである。このことばを顕わす音声の機能は、距離やその他の状況の変化に応じて変化するから、音声とことばを知覚する時間や場所も変化するのである。それゆえにことばを無常とみなす理由はない。

また、ことばの常住性を想定しなければ、ことばの意味の理解は不可能である。もしことばが発せられるたびごとに、新たに作られた単位であるとすれば、そのことばの意味は理解されないであろう。なぜなら意味の理解はことばと意味との不可分離の関係の理解にもとづいているからである。ことばの意味の理解という現象を説明するには、ことばはあらゆる場合に同一のものであるとみなされなければならない。今日聞いたことばは、実際昨日聞いたことばと同一と認識され、また発言するときには単に現に存在していることばを顕わすのみであり、ことばを創造したり、造り出すわけではない。それゆえにことばは作られるもの、あるいは結果ではない。結果でないから、可滅ではない。

『ミーマーンサー・スートラ』は、ことばとはなにかについてはなんら述べていない。しかしその後、ウパヴァルシャ（四五〇〜五〇〇）が、ことばとは音節（varṇa, 字音）であると定義した。例えば、サンスクリット語で「牛」を意味するgauḥの場合には、音節g, au, ḥがことばを構成しており、これらの音節を離れてはことばは存在しない。これらの音節が結合されて、その意味を認識させるのである。ヴェーダーンタ学派もまたこの説に従っている。

ことばとその意味

ではそのことばの意味するものはなにか？　インドでは古くから文法学者のあいだでこの問題が論じられてきた。ヴィアーディはことばの意味は個物（dravya）であると主張したのに対して、ヴァージャピャーヤナは、ことばの表示するものは普遍（jāti, ākṛti）であると説いた。インド文法学の大成者パーニニによれば、ことばの意味は、普遍と個物の両者を表示すると、パタンジャリがパーニニの文法書に対する注解のなかで述べている。

諸哲学学派のうちサーンキヤ学派は、ことばは個物を表示する、と主張する。なぜなら「牛は赤い」というとき、ある特定の「牛」を意味するのであって、牛一般を表示するのではない。「牛類は赤い」ということばは無意味であるから、さらに、太陽・月というような唯一のものを表示する語や、ガンガー河などの固有名詞は、決して類を表示しない。なぜなら同じことばを適用できる他のものがないからである。

他方ニヤーヤ学派では、ことばの意味は、個物（vyakti）と形相（ākṛti）と類（jāti）であると説いている（『ニヤーヤ・スートラ』二・二・六五）。後代の仏教論理学者は、ことばの意味は積極的な内容によって定義されるのではなくて、それでないものを排除するという事実によって定義されるとして、アポーハ（apoha, 排除）論を主張した。

ミーマーンサー学派によれば、ことばは、類に属するすべての個物に共通する本質的性質である普遍を表示する。この学派の碩学クマーリラは、その理由を個物のまえに認識されるのは普遍であり、しかもことばが両者の混合した概念を与えることはないからであるとしている。さらに「牛を連れてこい」と命令されたとき、命令を受けた人は、自分の好きな牛を連れてくることもその理由としている。すなわちその際、「牛」ということばが発せられるときには、個物について観念をもつ前に、普遍についての観念をもつ。そしてこの普遍の形が正しく把握された後でのみ、個物が認識されるというのである。

ことばとその意味との関係

すでに述べたように、ミーマーンサー学派では、音節によって構成されていることばは、常住である。したがってことばによって表示されるもの、すなわち類あるいは普遍もまた常住である。このことからことばとその意味との関係もまた常住でなければならない、という。

文とその意味

ヴェーダ聖典によってのみダルマを認識することができるとする立場をとるミーマーンサー学派にとって、文（vākya）はいかにしてその意味を表示するかということはもっとも重要な問題であった。なぜならヴェーダ聖典は、祭式の執行を命ずる文をはじめ、常に文の形で与えられているからである。

では文とは何か？　ミーマーンサー学派によると、一群の単語がある場合に、もし分析してみて、単語のあいだに期待性（ākāṅkṣā）があると認められる場合には、その一群の単語は、意味

・目的を等しくするから、文を構成する（『ミーマーンサー・スートラ』二・一・四六）。かれらにとっては、単語間の期待性が文の本質的な条件として受け取られていたようである。この本質的な条件に、後代になると、さらに適合性（yogyatā）と近接性（āsatti, saṃnidhi）とが加えられた。

期待性とは、聞き手が、完全な意味を理解しようとして、別の単語を知ろうとする欲求である。単語Aが、他の単語Bが欠如していて、完全な意味を伝達できない場合に、AにはBにたいする期待性があるといわれる。例えば、主格の名詞は、完全な意味を伝達するためには動詞を期待する。また「持ってくる」といった動詞は、ある目的物を意味する単語を期待する。「牛」「馬」「人」「象」といった一連の単語は、相互に期待性が欠けているから、相互のあいだになんの関連もないために、一つの完全な意味を伝達しないのである。

適合性とは、相互に連関するために一つの文にある、単語の論理的無矛盾性あるいは一貫性である。例えば、「かれはそれを水で濡らす」という文の場合には、「水」という観念と「濡らす」という観念のあいだには、日常の経験においてなんら矛盾するところがないが、「かれはそれを火で濡らす」といった文の場合には、日常の経験と矛盾するから、適合性をもたないといわれる。

近接性とは、文のなかの単語は時間的に近く発音されなければならない、ということである。文を構成している単語が、たとえ期待性・適合性があろうとも、あまりにも長く間隔をおいて発音されると、単語相互の連関性の理解をうまないのである。例えば、「牛を」といってから長い間隔をおいて「持ってこい」といっても、相互の連関性を理解することは不可能である。

では、もし各単語が、それぞれの独自の意味をもっているとすると、単語の集合にすぎない文が、一つの意味をもつということは、いかにして可能であろうか？　これは合成語の場合にもあてはまる。

ことばの意味は普遍であると主張したヴァージャピヤーヤナによれば、文の意味は単語の意味の相互結合（saṃsarga）である、という。「白い牛」（gauḥ śuklā）のような句の場合には、「牛」という単語は「牛一般」を意味するにすぎない。それと関連している「白い」という単語は、「牛一般」が「白さ」という性質との結合を表示している。したがって文は、「牛一般」と「白さ」との結合を意味している。

他方、ことばの意味は個物であると主張したヴィアーディは、「牛」という単語は「牛一般」によって特徴づけられているものというよりも、むしろ「馬」のようなすべての類似物から区別されたものを表示する。

すなわち「白い牛」という句の場合には、「牛」という単語は、白・黒などあらゆる色の牛を含む具体的な個物としての牛を指している。それゆえに「白い牛」という句は、「白さ」と牛との結合を意味するのではない。「白い」という単語は、否定的に牛を限定し、「白い」以外のすべての色を否定するのである。同様に、「白い」という単語は、白い牛・白い馬などを含む、なにか白いものを意味することができる。それゆえにその句における「牛」という単語は、牛以外のあらゆる白いものの排除を意味するにすぎない。この立場は、単語の意味の相互排除（bheda）説である。

ミーマーンサー学派はこのような二つの異なった見解を背景にしながら、文の意味の伝達法をめぐって独自の見解を表明する。すなわち、文を構成している単語を聞くとき、文の意味として単一の意味を把握するが、この単一の文の意味は、文を構成している個々の単語の意味の想起によって、間接的に生ずるのであろうか、あるいは単語の集合から直接的に生ずるのであろうか？この二つの考え方の相違によって、ミーマーンサー学派の内部で、二つの説が烈しく対立している。

結合していることばの対象は常住な実在である普遍であり、個物は普遍にもとづいて知られると考えたミーマーンサー学派によると、文の意味は、文を構成している単語の意味にもとづいている。決して慣習などにもとづいているのではない。各単語はそれぞれの意味を表示し、これらの単語の意味が文の意味を表わすのである。例えば、「牛を連れてこい」という文章において、「連れてこい」ということばは、直接的には「連れてくる」という行為一般を意味し、間接的には、その時間に起きる「連れてくる」という特殊な行為を表示する。さらに「連れてくる」という行為に関係している対象としてその個物である牛を間接的に表示する。

このように文においては、文を構成している単語のおのおのが、直接的にそれぞれの意味（＝普遍）を表示し、間接的に他の単語の意味と連関したものとして文の意味を表示する。これはミーマーンサー学派のクマーリラ（七〜八世紀）を派祖とするバーッタ派の主張であり、表示連関説（abhihitānvaya-vāda）といわれる。

この説に対して連関表示説（anvitābhidhāna-vāda）を唱えたのは、同じくミーマーンサー学派のプラバーカラ（八世紀）を派祖とするプラバーカラ派であった。かれらによると、文の意味は、個々の単語の意味とそれらの相互の連関で構成される。表示連関説によると、単語は個々の単語の意味だけを表示し、相互の関連は単語の意味によって伝達され、単語によるのではないのであるが、連関表示説によると、個々の単語の意味とそれらの相互の連関は単語そのものによって伝達される。したがって、文の意味は、単語の集合から直接理解されると考えているのである。

プラバーカラ派は、子どもが単語の意味を学習する自然の方法を強調する。AがBに話し掛けながら、「牛を連れてこい」という。このように言われたBは、直ちに牛を連れてくる。Aが発声したその文を聞き、かつその後で起きるBの行動を観察する子供は、文の意味は牛を連れてくるという行動をなせという命令であると、漠然と推測する。この段階で子供が理解することは、その文の全体が表示されていることのすべてを意味するということだけである。

後になって、その子供が、CがDに、「馬を連れてこい」というのを聞きかつDが馬を連れてくるのを観察して、再び、この文の意味は馬を連れてくる行動をなせという命令であると推測する。前の文と比較して、「連れてこい」という単語は両者に共通であり、連れてこいという命令を意味するに違いない、しかも「牛」と「馬」という単語は、二つの異なった動物を指しているに違いない、と理解する。

このように、人々が発声する種々の文を比較し、それによって起こる行動を観察することによって、子供たちは、排除（udvāpa, vyatireka）と包含（āvāpa, anvaya）という心理的手続きによって、個々の単語の意味についての一般的な観念を持つことができるのである。その後で子供は、すでに遭遇したことのある単語を含む新しい文の意味すらも理解することができるというのである。

三　文法学派の言語哲学

すでに述べたように、長く衰退していた文法学の伝統を復興したのはバルトリハリであった。

かれは文法学派を復興させたにとどまらず、一つの哲学学派にまで発展させた。しかもその際、文法学のなかにヴェーダーンタ哲学を導入したために、ヴェーダーンタ学者とも見なされている。彼の主著は独立作品『文章単語篇』である。

ことば

バルトリハリは、ことば（śabda）には「意味を理解させる原因」（nimitta）すなわちことばそのものと、表示される意味との二種があることを認めている。かれもまたことばを諸器官から開展した音声（dhvani）とは別のものと考え、ことばは音声によって知覚されると主張している。

例えば、「ヒ」という音声を聞くと、直ちに「火」という観念が想起されるように思われるが、実はそうではなくて、「ヒ」という音声によって、まず「火」ということばが顕われ、それが「火」という意味を表示するのである。しかし人が「火」といったときには、その「ヒ」という音声は、「火」ということばを顕わしてから、直ちに消滅してしまうから、ことばは無常ではないかと思われる。しかし音声は無常であるが、顕わし出されたことばは常住であると主張する。

では、この音声でもなく、意味でもないことばとはなにか？　かれは、ことばとはスポータ（sphoṭa）であるとしている。このために、かれの言語哲学は、しばしばスポータ説

(sphoṭavāda) といわれるほどに、かれの特徴的な哲学説である。

スポータは、ことばの本体であり、音声 (dhvani) とは、はっきりと区別されるべきものである。音声としてのことばは、たえず消滅・変遷を繰り返すが、ことばの本体であるスポータは、音声の消滅変化を超越している。常住不滅であり、単一不可分である。かれによると、絶対者ブラフマンはことばにほかならないから、スポータもブラフマンと同一視されて、世界原因とまでいわれている。われわれが、他の人のいうことを聞いてその意味を理解するときには、まず、音声がスポータを顕わす、つぎに、その顕われたスポータが意味を表示して、理解を起こさせる。

このスポータを顕わす音声は、単なる音響でなくて、サンスクリットの諸音節 (varṇa, 字音) のいずれかであるから、スポータは音節によって顕わされるといわれるのである。例えば、gauḥ の場合には、最初の音節 g によってスポータは顕わされるのであるが、まだ不明瞭な状態にあるので、au 音節によってより明瞭となり、最後の ḥ の音節とともにはっきりと確知されるという。第一の音節がスポータを顕わすものであり、第二以下の音節は補足的なものと考えられ、第一の音節は根源的音声 (prākṛto dhvaniḥ)、第二以下の音節は変成的音声 (vaikṛto dhvaniḥ) と呼ばれる。

ことばと意味

　さて、音節がスポータを顕わし、そのスポータが意味を表示するとすれば、その表示される意味はなんであろうか。前述したように、古くから文法学者をはじめ諸学者のあいだで論じられてきている問題であるが、バルトリハリは、ことば（例：go, 牛）によって、第一にことば自体の類（例：gośabdatva, 牛ということば一般）が示される。第二に、ことばの意味の類（例：gotva, 牛性）が表示される。第三に、その類としての牛によって個々の牛が表象され、それに関する認識あるいは意欲が起きるという特殊な学説を唱えた。また、ことばとその意味とのあいだには不可分の関係があり、ことばとその意味と両者の結合関係は常住であると主張した。

　ことばの表示する類は、単なる抽象概念ではなく、客観的実在性を有する。個物の諸特性は類にもとづくが、この類もそれを包摂する上位の類に対しては特殊であるから、上位の類に対するその関係を無限に遡及していくと、究極的には有性（sattā）にいきつくことになる。それゆえに種々の類（例：牛性）は、本質的にはその有性にもとづいており、一切のことばの意味は究極的には有性にほかならない。有性自体はなんら質的規定を受けない無内容なものであるから、一切のことばは同義語となり、ことばに関する一切の区別がないことになる。

しかし現実生活において、もろもろのことばのあいだに混乱が起こらないのは、ちょうど清浄無垢な水晶が、それに添加される色によってその色を有するかのようにみえると同様に、種々の添性によって限定をうけて牛性などの種々の類を成立させているからである。

このバルトリハリの有性の特徴は、ヴァイシェーシカ学派が主張する普遍のなかの最上概念である有性が認識主体に対立する存在であるのに対して、あくまでも客体化できない主体的なものであり、ブラフマン・アートマンと同一の、最高の真理の立場の智にほかならないことである。

このように、ブラフマンは有性を本質としており、アートマンと同一視されている。バルトリハリのアートマン観の特徴は、アートマンの本質をことばであると規定したところにある。このアートマンは単なる認識主体ではなく、それ自身にもとづいて主観も客観も成立させているものである。

アートマンが開展するとき、その主観的側面はことばであり、客観的側面がそれ自身の映像として投影される意味である。対象の認識とは、個物のなかに具現されていることばの普遍的な形相を直観的に把握すること、換言すれば、人間の像が布や壁に映し出されるように、主体としてのことばが、自己を客観的に統覚器官（＝こころ）に投影して、その対象化されたことばを把握することにほかならない。

インド思想の伝統においては、意味の問題の研究には、二つの主要な異なったアプローチの仕方が見出される。一つは文章可分説（khaṇḍapakṣa）と文章不可分説（akhaṇḍapakṣa）とであり、これは大雑把にいえば、心理学における連合心理学（Association theory）とゲシュタルト心理学（Gestalt theory）に類似しているといわれることがある。

文章可分説すなわち分析的方法論によれば、単語は観念と意味の独立した単位であるとみなされ、ことばの研究は単語を基本として行なわれ、文章は単語の連合したものと理解されている。例えば、『ニヤーヤ・スートラ』では、単語にのみ関心がはらわれているにすぎないし、パーニニなどの文法学者の場合にも、主として単語を基本に考察が進められているように、古代インドの言語研究は、この方法によって行なわれることが多かった。

このインド思想史上長いあいだ行なわれてきた方法に対して、バルトリハリは、言語における基本的な単位は文章であるとし、文章不可分説を主張した。かれはことばには文章や単語や音節などがあるが、文章のみが真実のことばであって、単語や音節などは文章のなかから抽出して、われわれの主観によって仮に分別されて成立しているにすぎない、と主張し、音節や単語を第一義的存在とする人々を批判した。

このように真実の意味におけることばとは、文章にほかならないのであるから、ことばの本体としてのスポータも、厳密にいえば、文章としてはたらくのである。バルトリハリは、個々の単語のみがスポータとしての意味を表示するとする単語スポータ論者（padasphoṭavādin）ではなくて、文章がスポータとして完全な意味を表わすとする文章スポータ論者（vākyasphoṭavādin）であった。

われわれの通常の言語認識の順序からいえば、まず音節あるいは単語があって、ついで文章の順であるが、スポータを中心にした形而上学的立場からいえば、文章が根源であり、単語あるいは音節は、補助的なものにすぎず、ただ無能力なわれわれに文章であるスポータを把握させる手段としての役割を果たしているにすぎない。

四　シャンカラの聖句「汝はそれなり」の解釈

ヴェーダーンタ学派のシャンカラ（第六章参照）は、ブラフマンとアートマンとは同一であるとする不二一元論を基本的立場としている。そしてブラフマン・アートマンに関する知識を与えるものはヴェーダ聖典のみであるとしている。認識方法に関しては、ミーマーンサー学派と共通の立場を堅持している。

そのことは、ブラフマンとアートマンとが同一であるということが、ヴェーダ聖典、とりわけウパニシャッドによって支持されていなければならない。シャンカラは、ヴェーダ聖典全体は、一つの目的、すなわちブラフマンとアートマンの同一性の知識を教えることに専念しているから、ヴェーダ聖典は唯一の文であり、その同一性はこの一つの文の意味の理解から知られるべきである、と主張する。

ブラフマンとアートマンの同一性（梵我一如）を端的に表現している文として、シャンカラがもっとも重視するのは、「君はそれである」（tat tvam asi,『チャーンドーギヤ・ウパニシャッド』六・八〜一六）という聖句である。これはウパニシャッドの有名な哲人ウッダーラカ・アールニが、その息子シュヴェータケートゥにブラフマンとアートマンの同一性を教えようとして、九回繰り返す有名な文章である。この聖句に加えて「私はブラフマンである」（ahaṃ brahmāsmi,『ブリハッド・アーラニヤカ・ウパニシャッド』一・四・一〇）も尊重され、この二つの有名な文章は、その他若干の文章とともに、後代の不二一元論者たちによって大聖句（mahāvākya）と呼ばれるにいたった。

しかしこれらの文章は、果たしてブラフマンとアートマンの同一性を意味しているのであろうか。それに異論を唱える反対論者も登場し、シャンカラおよびその後継者たちは、この聖句の解釈をめぐって大変な努力をはらっている。その努力の跡を簡潔にみることにしよう。

連関表示説（本書一四五ページ参照）によれば、「君はそれである」という文章の意味を理解するには単語の意味を想起する必要がある。この文章は、「君」「それ」「ある」という三つの単語からなっているが、シャンカラは、「それ」と「ある」との二語の意味はすでに知られたものとして議論を展開する。すなわち「それ」は「実在」(sat) すなわちブラフマンを意味し、「ある」は、「君」と「それ」とが「共通の拠りどころをもっていること」、換言すれば、両者が文法的に同格であり、この文章は同一判断であることを示していると解している。

しかしこのなかの「君」という単語の意味は不明であり、そのために文章の意味も不明である。そこで、その意味を想起するために、シャンカラは一致 (anvaya) と矛盾 (vyatireka) の方法を適用する。

「君はそれである」という文章において、「君」と「それ」は、「ある」という同一判断を示す単語によって結び合わされている。したがって、「君」と「それ」とは同一の対象を表示しているはずであるから、「君」もまたブラフマンを表示していなければならない。「君」のもつ種々の意味のうち、ブラフマンと両立しうるのは、苦をもたない、輪廻しない「内我」すなわちアートマンのみである。このようにして両立しうる意味を追究していくのが一致の方法である。しかし「君」はかならずしも内我を意味するわけではなく、一般的にはむしろ現実に輪廻の存在に悩み苦しんでいる人を指している。しかしこの意味は、「それ」とは両立しない、すなわち矛盾する意味であり、このような両立しない意味を排除していくのが矛盾の方法である。

このように一致と矛盾の方法を適用することによって、「君はそれである」という聖句は、ブラフマンとアートマンの同一性を意味していると説明している。しかし、後代のシャンカラ派では、この方法を継承することなく、部分的間接表示（jahadajahallakṣaṇā）の方法を採用した。

もしある文章を単語の第一義の意味で理解しようとすると、その文章が文脈的に無意味となる、あるいは矛盾したものとなる場合がある。その場合には、なんらかの仕方で単語の第一義と関係のある第二義的意味、あるいは譬喩的意味によって理解すれば、有意味な、あるいは矛盾のないものとなる場合がある。この単語の第二義的意味を表示する機能は、間接表示（lakṣaṇā, upacāra）といわれる。このような間接表示が第一義の意味を保持している度合いによって、インドでは、（1）第一義を捨てる間接表示、（2）第一義を捨てない間接表示、（3）部分的間接表示という三種類の間接表示が区別されている。

（1）第一義を捨てる間接表示（Jahallakṣaṇā）

第一義が捨てられ、それと関係のある第二義が採用される場合の間接表示である。例えば、

「牛飼いの小屋がガンガー河にある」という文章の場合には、「ガンガー河」という単語の第一義をとることはできないので、それを捨てて第二義「ガンガー河の岸」をとることになる。

（2）第一義を捨てない間接表示（Ajahallakṣaṇā）

これは、第二義の意味が、第一義を捨てないで、第一義の意味をも含んでいる場合の間接表示である。例えば、「槍が入る」という文章の場合、実際には「槍をもった兵士たちが入る」を意味している。「槍」という単語は、間接表示によって、「槍をもっている兵士たち」をも意味し、第一義を捨てないで、それを含んでいる。

（3）部分的間接表示（Jahadajahallakṣaṇā）

これは第一義の一部分または一局面のみが残されて、他の部分は捨てられる間接表示である。この方法の説明には、「あれはこのデーヴァダッタである」という文章が実例として用いられる。「あれ」は過去の時間・空間によって限定されたデーヴァダッタという名前をもった人を表示し、他方「この」は、現在の時間・空間によって限定されたデーヴァダッタを表示する。この文章も同一判断を示すが、両立しえない限定語が同一であることを示しているのではなく、両立しえない要素を排除することによって、デーヴァダッタそのものの同一性を意味する。この場合には、単語の意味の一部または一局面のみを残し、矛盾する他の面を捨てている。

後代の不二一元論者は、この理論を聖句「君はそれである」に適用する。この聖句のなかの

「君」を、その第一義である「ウッダーラカの息子であるシュヴェータケートゥ」と解することは、限られた知などの属性をもっているシュヴェータケートゥが、全知者性などの属性をもつブラフマンと同一であるということになり、矛盾である。

そこでこの部分的間接表示の理論を適用して、「君」から限られた知などの一切の個人的属性を排除し、また「それ」から全知者性などの属性を排除すると、すなわち相矛盾する要素を排除すると、両者において残される本体そのもの、すなわち純粋精神の同一性を示すと説明している。この場合にも、単語の第一義の一部分のみを残し、他の矛盾する部分を捨てているのである。これによって「君はそれである」という聖句は、ブラフマンとアートマンの同一性を明示していると主張されているのである。

第六章

伝統思想と近代化

南インドに行くと、インド最大の哲学者であるといわれるシャンカラを奉ずるヒンドゥー教の一派スマールタ派の勢力は、今日もなお強大である。その総本山はシュリンゲーリにあるが、近年はタミル＝ナードゥ州のカーンチープラムの僧院もまた、それに劣らぬ大きな勢力を形成している。僧院の法主は、「シャンカラ師」（Śaṅkarācārya）または「世師」（Jagadguru）といわれ、両シャンカラ師の言動は、しばしばジャーナリズムに取り上げられ、両師の発言は、とくに南インドのバラモン階級の間で、政治的にも社会的にも権威あるものとして受けとめられている。

シャンカラは、思想史の観点からすれば、正統バラモンの正統派中の正統派であるヴェーダーンタ学派のなかのもっとも有力な不二一元論派の開祖であり、徹頭徹尾、伝統的な思想家であり、バラモンに向かってのみ、そのなかでもとくに世を捨てた出家遊行者を対象に教えを弘め、正統バラモンの伝統を復興しようとした、一般大衆からみれば、いわば高踏的な思想家でもあったといってよいと思われる。

今から十数年前のことであるが、このシャンカラの思想が、不可触民の宗教・社会改革運動に影響を与えたことを知り、従来インド思想史上まったく無視されてきた不可触民出身のナーラーヤナ・グルに、大変に興味を覚えたのである。調べてみると、バラモンに向かって説かれたシャンカラの伝統思想が、ナーラーヤナ・グルによって近代化され、見事に不可触民の宗教・社会改革の理論となっているのである。

本章では、シャンカラとナーラーヤナ・グルの生涯と思想を検討し、さらに両思想家のカースト論を紹介することにしたい。

一　シャンカラの生涯と思想

シャンカラの生涯と著作

シャンカラ（Śaṅkara, 七〇〇?～七五〇?）の生涯については信頼すべき資料がないが、伝説によれば、南インドのケーララ州にあるチュールナー河のほとりのカーラディで、由緒正しいナムブーディリというバラモン階級の子として生まれ、幼にして父を失い、出家してゴーヴィンダに師事した。かれはインド各地を遊行して、他の学派の指導者と議論をたたかわせ、おそらく仏教の精舎をまねて、僧院を建立した、といわれる。シャンカラ派の僧院は、今日インド各地に多数存するが、前述のように、その総本山は南インド・カルナータカ州のシュリンゲーリにある。

シャンカラは、インド最大の哲学者といわれているが、独創性に富んだ哲学者であったとはいえないかもしれない。しかしインドにおいては独創性は称賛されるべき美徳ではなく、伝統に対する忠実さこそ尊ばれる徳目である。かれは卓越した解釈学者であり、また哲学者というよりも、むしろきわめて有能な宗教上の指導者であった。かれの学派がインドの知識階級のあいだに不動の地歩を保ち、かれの思想が現代インドの主要な思想潮流の生まれ出る源泉であったという意味において、シャンカラは偉大であった。伝説によれば、かれの一生は短く、三二歳（あるいは三八歳）で、ヒマーラヤ地方のケーダールナータで没したと伝えられている。

シャンカラには、三百余点の大小の作品が帰せられているが、確実に真作と考えられるものは十数点である。シャンカラの主著は、ヴェーダーンタ学派の根本聖典『ブラフマ・スートラ』に対する注釈『ブラフマ・スートラ注解』である。このほか、『ブリハッド・アーラニヤカ・ウパニシャッド』などのウパニシャッドに対する注解、『バガヴァッド・ギーター』に対する注解をも著わした。これらの注釈のほかに、注釈ではない、独立の作品でシャンカラの真作と推定される作品として、『ウパデーシャ・サーハスリー』（『千〔の詩節〕からなる教え』）がある。筆者は、この『ウパデーシャ・サーハスリー』が、シャンカラの唯一の独立作品であると考えている。以下のシャンカラの思想も、主としてこの『ウパデーシャ・サーハスリー』にもとづいている。

シャンカラの哲学が目指しているのは、仏教やその他のインド哲学諸体系と同様に、輪廻からの解脱である。この解脱を達成する手段は、宇宙の根本原理であるブラフマン（Brahman, 梵）の知識を得ることにほかならない、と繰り返し主張している。かれによれば、自分自身のうちにある自己の本体、すなわちアートマン（Ātman, 我）が宇宙の根本原理ブラフマンと同一であるという真理を悟ることが、解脱への道であるというのである。シャンカラの思想は、以上に尽きるといってもよいが、今言及した「ブラフマン」「アートマン」「輪廻」「解脱」などについて、若干の説明を加えることにしたい。

ブラフマンの概念は、シャンカラの独創ではなく、第一章で述べたように、『リグ・ヴェーダ』の詩人思想家たちによって開始された、宇宙の根本原理を探究する、幾世紀にもわたる思索の成果である。多神教の世界にあきたらなくなった『リグ・ヴェーダ』の詩人たちは、ついには有も無も超越した中性的原理である「かの唯一物」を発見した。他方、詩人たちの関心は人間自身の内面にも向けられ、「アス」（生気）「マナス」（意、思考器官）といわれる霊魂あるいは生命原理を見出すにいたり、これは、死によって肉体が滅びた後も、不滅であると信じられるようになった。

『リグ・ヴェーダ』の詩人たちが、長い年月をかけて見出した根本原理や生命原理は、そのままの形で後代に継承されることはなかったが、根本原理に関する探究心はますます強くなり、『アタルヴァ・ヴェーダ』では、宇宙の支柱「スカンバ」、ブラーフマナでは、先行するいかなる原因ももたない「自生のブラフマン」など、多数の原理の存在が指摘され、人間の死後の不滅の生命原理についての思弁も進められた。やがて紀元前五〇〇年を中心にして前後あわせて数百年のあいだに成立したウパニシャッドの時代になると、このような探究はますます深められた。この探究の結果到達された諸原理のうち、もっとも重要なものは、ブラフマンとアートマンとである。

（1）ブラフマン

ブラフマンはすでに、紀元前八〇〇年を中心に編纂されたブラーフマナ文献の時代に、宇宙の非人格的最高原理とされ、ウパニシャッドにおいても、それ以後の思想史においても、変わることがなかった。ウパニシャッドにおいては、アートマンからの世界創造が説かれることもあるが、アートマンは個人の本体を意味する術語と考えてよい。ブラフマンが、宇宙の本質・起源の探究によって得られる宇宙的・非（超）人格的原理であるのにたいして、アートマンは個人存在の本体であり、どちらかといえば、内的・主体的・人格的原理である。

ウパニシャッドの哲人たちは、ブラフマンとアートマンという二つの原理の発見に満足したわけではなく、かれらのなかには、さらに一歩進んで、個人の本体であるアートマンは、ブラフマンと同一である（梵我一如）と説くものもあった。この梵我一如の思想がウパニシャッドの中心的な教説であると考えられている。

しかし、ブラフマンとアートマンを自己の哲学の根本問題として受け継ぎ、一元論の伝統を今日まで継承したのは、数多くの哲学学派があるなかで、インド思想の主流を形成し、五世紀ころ哲学学派として登場したヴェーダーンタ学派である。

ヴェーダーンタ学派の根本聖典であり、シャンカラも拠りどころとしている『ブラフマ・スートラ』（一・一・二）は、ブラフマンを、

〔ブラフマンとは〕この〔世界の〕生起などの起こるもとのものである。

と定義している。ウパニシャッドの哲人たちは、一元論的思索の思想潮流のなかにあって、人間および宇宙の支配者、または原理が存在するという前提で思索を展開している。ヴェーダーンタ哲学は、このウパニシャッドの解釈学として成立したものであり、当然ヴェーダーンタ学派の

最大の関心事は、宇宙の原因はなにか、という問題であった。

そのため、『ブラフマ・スートラ』はまず、冒頭で、世界原因はブラフマンであることを明言している。『ブラフマ・スートラ』の著者は、世界原因であることが、絶対的ブラフマンのもっとも本質的な規定であると、考えていたものと推定される。これはシャンカラをはじめとするその後のヴェーダーンタ学派の哲学者にも受け継がれている。

ブラフマンという語は、ヴェーダーンタ哲学においては、一般に中性的な原理を示す術語である。したがって、西洋の研究者は、一般にヴェーダーンタ哲学を一元論（monism）と性格づけている。しかし子細に検討してみると、ブラフマンは、単に中性的原理に留まらず、人格的存在として理解されている場合が往々にして見られるのである。

『ブラフマ・スートラ』のブラフマンは、諸神格の上にある最高者であり、世界の保持者であって、ほかのいかなる神格も有しない世界を保持する威力をもっており、しかもこのブラフマンは個々のアートマンに業の果報を授ける原因であるとされている。このようなことを考慮すると、『ブラフマ・スートラ』の立場は、一神教的性格をもあわせもっているといえるようである。

シャンカラの場合にも、『ブラフマ・スートラ』のブラフマン観を受け継ぎ、ブラフマンと神（Īśvara, 主宰神）との区別は曖昧であり、かれの著作においては、（最高）ブラフマン（Paraṃ）Brahma（n）および最高アートマン（Paramātman）は主宰神と同義語として用いられている。

しかしシャンカラの後継者たちは、主宰神とブラフマンとを明確に区別して、主宰神を低い次元に置き、中性的原理としてのブラフマンを重視し、無明の立場においてのみ人格神の存在を認めた。

また『ブラフマ・スートラ』は、世界原因として、質料因としての根本物質と動力因としての純粋精神を想定するサーンキヤ学派を厳しく批判し、ブラフマンは動力因にして質料因であると規定し、ブラフマン以外の世界原因を否認した。

さらに、ブラフマンは『ブラフマ・スートラ』で、「有」(sat) と考えられている。ブラフマンの本質を有とするのは、シャンカラも同様であり、シャンカラがきわめて重要視する有名なウパニシャッドの文章である「君はそれである」(tat tvam asi) を「君は有である」(sad asi,『ウパデーシャ・サーハスリー』一・一一・一)、「私はブラフマンである」(ahaṃ brahmāsmi) を「私は有である」(sad asmi,『ウパデーシャ・サーハスリー』一・一・一九) と言い換えていることもある。したがってブラフマンは、シャンカラにとって、過去・現在・未来の三世において実在し、決して無に帰することはないものである。

また『ブラフマ・スートラ』によれば、諸ウパニシャッドの趣旨は、世界原因が純粋精神そのものであるとしている点ですべて一致しており、またそのことが天啓聖典のなかに明らかに説かれていると論じているが、シャンカラもまた、ブラフマンの本性は純粋精神 (caitanya) であることを繰り返し強調している。

シャンカラは、ブラフマンの本性として有と知とをとくに重視しているようであり、ブラフマンを「有・知のみのもの」(sac-cin-mātra,『ウパデーシャ・サーハスリー』一・一七・一三)と規定することがある。

後代のシャンカラの後継者たちは、ブラフマンの本質を、「有・知・歓喜」(sac-cid-ānanda)と規定しているが、『ブラフマ・スートラ』もまた歓喜がブラフマンの特質であることを承認している。しかし、有と知に比して、叙述に際しての積極性にとぼしい。

この『ブラフマ・スートラ』の歓喜に対する態度はシャンカラにも反映している。『ブラフマ・スートラ』のブラフマンも、シャンカラのブラフマンも、人に恩寵を与えたり、人々を救済する神ではなく、きわめて知的な、抽象的な存在であるところから由来しているのではないかと思われる。正統バラモン哲学と神に対する信愛(バクティ)を強調する大衆的信仰の融合をはかり、有神論的傾向を強めたラーマーヌジャの場合には、有・知のほかに歓喜・無垢・無限を絶対者の属性としてあげているが、ただ単に、知と歓喜の二つのみにしぼる場合もある。

『ブラフマ・スートラ』は、以上のほかにも種々の特質を挙げている。すなわち、ブラフマンは無限であり、一切に遍在し、超感覚的であり、無差別であり、一切の罪悪を超越している、などとしている。これらの特質は、シャンカラがブラフマンに対して用いるものでもあるが、シャンカラに特徴的な特質は、「永遠であり、清浄であり、目覚めており、解脱している」という表現が用いられていることである。かれの哲学的立場を端的に表わすものとしては「不二」(advaya) を挙げることができる。

しかし、これらの特質は言語表現にすぎない。本来ブラフマンは言語表現を越えたものであって、究極的なかれの立場からいえば、ブラフマンは「無属性」(aguna, nirguna) であるといわれている。

シャンカラによれば、このようなブラフマンの存在はまさしく自明である。シャンカラはつぎのように主張する。

まず第一に、ブラフマンは存在する。本性上ブラフマンは永遠であり、清浄であり、解脱しており、一切を知り、あらゆる力を具えている。……また〔ブラフマンは〕あらゆるもののアートマンであるから、ブラフマンが存在することは確定している。すべての人はアートマンが存在することを意識しており、決して「わたしは存在しない」とは考えないからである。もしアートマンの存在することが確定していないのであれば、すべての人は「わたしは存在しない」と意識するであろう。そして〔この〕アートマンはブラフマンである。

(『ブラフマ・スートラ注解』一・一・一)

シャンカラのブラフマンは、あらゆるもののアートマンと同一であり、したがってブラフマンの存在は、各自のうちにあるアートマンの存在と同様に自明のことである。

（2）アートマン

シャンカラは、再三再四、われわれのうちにあるとされる自己の本体アートマンと、宇宙の根本原理ブラフマンとが、同一であると説いている。しかし現実の人間存在を直視するとき、当然のことながら、この欠点だらけの死すべき人間が、この苦しみ悩む自分が、この輪廻をするこの自分の本体が、果たしてシャンカラのいう「永遠であり、清浄であり、解脱しており、一切を知り、あらゆる力を具えている」ブラフマンと同一であり得るのか、という大きな疑問の壁に突き当たるのである。そのためにシャンカラは、弟子たちに、本来の自己、すなわちアートマンを徹底的に理解させることに最大の努力をしているように思われる。

シャンカラの弟子になろうと思って、シャンカラの前に立つと、まず最初にシャンカラが発する質問は、「君は誰ですか」（kas tvam asi）である。「君は誰ですか」と尋ねられれば、おそらくだれでも、「私は〇〇です。〇〇大学の学生です」などと答えるに違いない。事実シャンカラの弟子たちも、この質問に対して、私はこれこれしかじかの家系のバラモンの息子でございます。私は、もと学生……でございましたが、いまはパラマハンサ出家遊行者でございます。生・死という鰐が出没する輪廻の大海から脱出したいと願っております。（『ウパデーシャ・サーハスリー』二・一・一〇）

というのが平均的な、ごく普通の返答であったようである。そこでシャンカラは、この常識的な返答を手掛かりに、その弟子の、自己理解が誤りであることを鋭く指摘し、弟子を真実の自己の探究へと誘おうとする。

シャンカラは今述べた弟子の返答に対して、つぎのように弟子に尋ねる。

愛児よ、君が死んだ時には、まさにこの世において身体は鳥に喰われるか、土に帰ってしまう。そうすれば、君は一体どのようにして輪廻の大海から脱出したいと願っているのか？なぜなら、川のこちら岸で灰と化してしまったならば、川の向う岸へ渡ることはできないのだから。

このシャンカラの反問に対して、弟子は次のように主張する。

私は、身体とは別のものでございます。身体は生まれ、死に、鳥に喰われ、土に帰ってしまい、剣や火などによって破壊され、病気などにかかります。私は、自分が行なった善悪の業のために、鳥が巣に入るように、この身体に入りました。再三再四〔この〕身体が消滅するとき、善悪の業のために別の身体に入るでしょう。前の巣が壊れた時、鳥が別の巣に入るように。このように、私はこの始めのない輪廻の中にあります。私自身の業のために、神・動物・人間・餓鬼の世界において、繰り返し得られた身体をつぎつぎに捨てながら、また繰り返し新しい別の身体を得ました。私自身の業のために、井戸車のように、生・死の絶え間ない輪の中を順次に廻されて、この身体を得ました。この輪廻の輪のなかを廻ることに倦み疲れて、輪廻の輪のなかを廻ることを止めるために、先生の許にうかがいました。それゆえに、私は永遠であって、身体とは別のものです。身体を行ったり来たりしています。人が着ている衣服のように。

これに対して師は弟子につぎのように答える。

君の言ったことは正しい。正しく観ている。それなのに、なぜ君は「私はこれこれの家系のバラモンの息子でございます。私は、もと学生……でございましたが、今はパラマハンサ出家遊行者でございます」と、間違ったことをいったのか。

そこで間違っている理由を尋ねる弟子に対して師は、

君は「私はこれこれの家系のバラモンの息子でございます」などという言葉によって、アートマンは、カースト・家系・〔入門式などの〕通過儀礼をもたないにもかかわらず、種々のカースト・家系・通過儀礼をもった身体をアートマンであると認識したのであるから。

（『ウパデーシャ・サーハスリー』二・一・九〜一五）

以上の師弟の対話が示すように、シャンカラによれば、「私はこれこれしかじかの家系のバラモンの息子でございます」ということは、バラモンという階級や家系などをもっている身体と、そのようなものをまったく持たない本来の自己であるアートマンとを同一視している結果として生まれた表現にほかならないのである。

このように自己のアートマンを理解することは、おそらくシャンカラが活躍した八世紀前半のヒンドゥー教徒、すくなくともバラモン階級の間では、ごく一般的であったように思われる。すなわち、アートマンは、(1)カースト・家系などを属性としている、(2)永遠の存在であって、身体とは異なっている、(3)輪廻の主体である、と弟子は理解していたと推定される。

シャンカラは、このような常識的な自己理解を種々の視点から否定し(その詳細については、拙著『ヴェーダーンタの哲学』を参照)、まったく新しいアートマン、すなわちブラフマンの世界へと弟子を導きいれるのである。

(3)輪廻と解脱

シャンカラによれば、われわれのアートマンは絶対者ブラフマン以外のなにものでもないはずである。しかし現実の日常生活においては、先程の弟子のように、誤った自己理解をし、人々は苦楽を経験し、差別に悩み、輪廻の生存のなかに沈み、それからの解脱を求めている。では、その輪廻とはなにか。その原因とはなにか。

シャンカラの場合には、おそらく無意識のうちに、二種の輪廻が区別されているように思われる。一つは外在的輪廻(あるいは神話的輪廻)であり、今ひとつは内在的輪廻(あるいは哲学的輪廻)である。前者はシャンカラが「生死を特徴とする輪廻」と称する輪廻、すなわち過去・現在・未来の三世にわたって神・人間・動物・餓鬼の各世界をつぎつぎと経めぐる輪廻であり、一般に輪廻という場合には、この外在的輪廻が意味されている。

内在的輪廻とは、シャンカラが「覚醒状態と夢眠状態とを特徴とする輪廻」（『ウパデーシャ・サーハスリー』二・一・四五）とも「行為の主体であることと経験の主体であることを特徴とする輪廻」とも表現する輪廻で、これはもっぱらこの現在の生存を場とする、現在の生存のなかで経験される輪廻である。シャンカラの関心は、主としてこの内在的輪廻に向けられ、シャンカラの真の関心は、人間の死後の運命などにはなく、現実に苦しみ悩んでいる人間の救済にあったように思われる。

シャンカラによれば、輪廻とは行為することとその果報を経験することとを絶え間なく繰り返すことである。すなわち、過去の行為の潜在的な蓄積である業によって、その業に相応しい身体——すなわち人間としての身体、あるいは動物としての身体——との結合が起こり、その身体と結合すれば、好ましいことと好ましくないこととが起こる。そして好ましいものにたいしてはそれを手に入れたいという欲望（貪欲）が起こり、好ましくないものにたいしては嫌悪の感情が起こり、この欲望と嫌悪から、もろもろの行為が起きる。かくしてまた業が蓄積され、再び身体との結合……ということになって同じ循環が始まる。これが輪廻である。

したがって輪廻とは、行為することとその果報を経験することを反復することにほかならない。シャンカラはまた、この循環を、行為の主体であることと、経験の主体であることとで置き換えている。この循環は、われわれの覚醒状態と夢眠状態とにおいて行なわれるので、覚醒状態と夢眠状態とによって置き換えている。

シャンカラはこの覚醒状態と夢眠状態の原因は、暗黒（＝無明）を本質とする熟睡状態にあると考えている。それと同様に、輪廻の原因を無明（無知）に求めている。無明は輪廻の支配者であるともいっている。

『ウパデーシャ・サーハスリー』のなかには、つぎのような師と弟子との間の興味深い対話がある。


ある学生が、生と死を特徴とする輪廻に倦み疲れ、解脱を求めていた。くつろいで坐り、ブラフマンを確信しているシャンカラに、かれは、規則で定められた仕方で近づいて、つぎのように尋ねた。

「先生、私はどうすれば輪廻から解脱することができるのでしょうか。〔私は〕身体と感覚器官とその対象とを意識しています。〔私は〕覚醒状態において苦しみを感じます。夢眠状態においても苦しみを感じます。熟睡状態に入れば中断いたしますが、その後再び苦しみを感じます。これは一体私の本性なのでしょうか。〔それとは〕別のものを本性としておりながら、なにかの原因によるものなのでしょうか。もし〔それが私の〕本性であるならば、私には解脱する望みはありません。自分の本性から逃れることはできないからです。もしなにかの原因によるものであれば、その原因を取り除くとき、解脱に達することができると思います」

師はかれに、

「聞きなさい。それは君の本性ではない。ある原因によるものです」

このようにいわれて、弟子は、

「その原因はなんでしょうか。その原因を取り除くものはなんでしょうか。私の本性は、一体なんなのでしょうか。その原因が取り除かれたときには、その原因にもとづいているものは〔もはや〕存在しません。病人は、その病気の原因が取り除かれたとき〔健康を回復する〕ように、私は自分の本性に立ち帰ると思います」

と尋ねた。師は、答えていった。

「その原因は無明であり、それを取り除くものは明知です。無明が取り除かれたとき、輪廻の原因がなくなるから、君は生と死を特徴とする輪廻から解脱して、夢眠状態においても覚醒状態においても、苦しみを感じなくなるのです」

(『ウパデーシャ・サーハスリー』二・二・四五〜四八)

（4）無明

このようにシャンカラは、輪廻の原因として、無明（avidyā，無知）の観念を導入した。かれによれば、無明とは、Aの性質をBに附託することである。また、附託とは、以前に知覚されたAが、想起の形でBに顕われることである。たとえば、薄明のとき、森のなかで縄を蛇と間違えてびっくりすることがある。これは過去に知覚したことのある蛇を、目の前にある縄に附託するためであるという。このような附託が無明である。

ブラフマン＝アートマン以外の一切の現象的物質的世界は、われわれの身体・感覚器官はもちろんのこと、一般に精神活動の中枢をなしていると考えられている統覚機能（心）にいたるまで、真実のアートマン、すなわちブラフマンに対して誤って附託されたものにすぎない。したがって、人間をブラフマンとはまったく異なる存在であるかのように見せている非アートマン的要素はすべて、無明の産物であり、あたかもマーヤー（幻影）のように実在しない。したがってブラフマンとアートマンとはまったく同一である、とシャンカラは説いている。かれのこの立場は不二一元論（Advaita）と呼ばれている。

一般の人間は、無明のために、この真実を知らず、アートマンと、統覚機能などのような非アートマンとを明確に識別していないために、輪廻している。輪廻とは、結局この無明のことであり、この無明を滅することが解脱である、とシャンカラは教えている。

ヒンドゥー教徒は、その聖典『バガヴァッド・ギーター』に見られるように、一般に解脱にいたる手段として、行為の道、知識の道、信愛（信仰）の道を勧めている。しかしシャンカラによれば、人間の行為はすべて、無明にもとづくものである。したがってシャンカラは祭事行為などの行為を解脱の手段と考える見解を厳しく批判する。また知識も行為もともに解脱に必要であるとする見解（知行併合論）をも排斥して、知識の道こそ解脱にいたる唯一の道であることを繰り返し強調している。

二　ナーラーヤナ・グルの生涯と思想

ナーラーヤナ・グルの生涯と著作

イギリスの支配下にあった一九世紀のインドにおいて、ヒンドゥー教は、西洋の宗教・文化との直接的な接触を契機として大きく変貌を遂げた。この大きな歴史的転換の時期には、ラーム・モーハン・ローイ（一七七二〜一八三三）、ラーマクリシュナ（一九三六〜一八八六）、ヴィヴエーカーナンダ（一八六三〜一九〇二）、ガーンディー（一八六九〜一九四八）などが、三〇〇〇年にわたるヒンドゥー教の歴史的展開の一時期を画するのに重要な役割を果たしていた。ナーラーヤナ・グル（Nārāyaṇa Guru）が活躍したのも、まさにこの近代インド思想史の幕開けの時期であった。

ナーラーヤナ・グルは、一八五四年八月二〇日、南インド・ケーララ州の州都ティルヴァンタプラムの北東、およそ一六キロのところにあるチェンバランディ村の農民マーダン・アーシャンを父とし、クッティを母とし、四人の子供の中の一人息子として生まれた。かれは不可触民イーラワー（Ezhava. Tiyya ともいわれる）カーストに属していた。父は農民でありながらも、私塾の教師として知られ、またサンスクリット学者であり、天文学やインドの伝統医学アーユル・ヴェーダにも通暁していたといわれている。両親の宗教はヒンドゥー教で、シヴァ神を中心としたものであったらしい。

五歳の時、初等教育を受け、母語マラヤーラム語とサンスクリット語とを学び、のちタミル語をも習得した。初等教育をうけてから、かれは家に留まって、家の雑用や農業を手伝い、昼食時にはサンスクリットの詩を作るのを日課としていたといわれる。毎日沐浴し、近くの寺に参り、一人で瞑想に耽り、一四歳の時には熱心なヴィシュヌ信者として知られるにいたった。一五歳になる前に母が死去し、叔父の世話になったが、この叔父はかれの才能を認めて、さらに教育を受けさせるため、二一歳の時、ナーヤル・カーストのラーマン・ピッライ・アーサンの許に送った。そこでかれは群を抜く成績をおさめ、その間に文法・論理学・ヴェーダーンタ哲学を学んだといわれている。

しかし二七歳の時、ひどい病気にかかって家に帰った。全快して後、故郷で学校を始める決心をした。この時期はナーラーヤナにとって、家族を扶養する義務を果たすべきか、それとも出家して宗教生活に進むべきかに思い悩んだ精神的葛藤の時代でもあった。かれが次第に宗教生活に傾きつつあるのを見て、かれの親族たちは、二八歳のナーラーヤナを、かれの父の姪と結婚させた。しかしまもなく妻と別れ、一八八四年に、父が死去する前に、真理を求めて出家した。各地を遊行する間に、ヨーガに習熟したり、ケーララの底辺の人々のあいだで生活したりしたらしい。

やがて一八八八年、三四歳のナーラーヤナは大きな転機を体験した。かれは自分のみの解脱を求めることは無意味であると考えて、下層の人々の宗教的・社会的救済に乗り出した。その活動の最初の成果は、ティルヴァンタプラムから二四キロ南に位置するアルヴィプラムにおけるシヴァ寺院の建立であった。これはバラモン僧のみがこのような祭事行為を行なうべきである、という伝統的な観念に対する公然たる反抗を意味した。

そしてまもなくナーラーヤナは、かれの信奉者たちに「組織によって力を、教育によって自由を」という重要なスローガンを発表した。さらにかれはそのアルヴィプラムの寺院の近くに僧院を建立した。これは後、パルプ博士の協力のもとに、一九〇三年、シュリー・ナーラーヤナ・グル法普及協会（略称 SNDP Yogam）に発展した。

一九〇四年には、ナーラーヤナ・グルはティルヴァンタプラムの北三二キロの地点にあるヴァルカラにシヴァギリ僧院を建立した。かれはこのシヴァギリをこよなく愛し、死に到るまでの二十余年の大半をこの地で過ごしたといわれている。一九二二年タゴールが、一九二五年にガーンディーが、ナーラーヤナ・グルを訪問して強い印象を受けたのもこの僧院においてであった。さらに一九一三年、不二一元論哲学を教えるために、コーチンの近くのアルワエーに僧院を建立した。翌一九一四年には、その僧院に近接してサンスクリットを教えるための学校を創設し、サンスクリットの復興を図った。

当時不可触民はヒンドゥー寺院へ接近することすらも禁じられており、ましてや高位の神を崇拝することはできなかったのであるから、かれの寺院建立は、このような伝統主義的な正統派の考え方に対する改革であり、バラモンたちの目には神と社会に対する反乱と映じた。かれは六十以上の寺院をインド各地に建立し、それと関連して種々の改革を断行、また旧習の廃止、飲酒の禁止、カースト制度に対する批判運動の展開など、多くの偉大な足跡を残して、一九二八年に没した。ナーラーヤナ・グルの遺体は、現在、シヴァギリの美しい頂上にあるマハー・サマーディ・マンディルに安置されている。

ナーラーヤナ・グルは、多作家ではなかったが、一般の人々に向けて書かれた宗教・信仰詩は、かなりの数にのぼっている。果たしてどれだけ著述をなしたのか、正確なところは不明であるが、約四三点の著作が、シュリー・ナーラーヤナ法協会信託の手で収集・保存されているという。

かれの著作の大部分はマラヤーラム語、若干はサンスクリット語、一点はタミル語で書かれている。種々の讃歌の他に、短いエッセイも書いているが、その中でも『精神と物質の考察』と『カースト考』とが特筆されるべき作品である。また哲学的著作としては、マラヤーラム人の『バガヴァッド・ギーター』ともいわれるマラヤーラム語の『自我の教説百頌』とサンスクリット語の『哲学の花輪』とがもっとも重要な作品であり、ともに不二一元論哲学の基本的な諸問題を簡潔に解説している。

ナーラーヤナ・グルの思想

ナーラーヤナ・グルが、その生涯をかけて強調し、人々に訴えつづけた思想は、

人類には、一つのカースト（＝類）、一つの宗教、一つの神

というスローガンのなかに凝縮されている。このスローガンをよりよく理解するためには、ナーラーヤナ・グルが生まれ、育ち、活躍した当時の社会的・宗教的状況に目を向ける必要がある。

ケーララ地方は、一四九九年に、ヴァスコ・ダ・ガマが到着して以来、ヨーロッパ諸国と交渉を保ってきたが、一八五八年、インドがイギリスの直轄植民地となるにおよんで、ケーララも英領となるにいたった。現在マラヤーラム語を母語とする人々の州であるケーララは、当時、トラヴァンコール藩王国、コーラン藩王国、英領マドラス州の一部であるマラバールとに分断統治されていた。

ケーララの当時の宗教事情を見ると、民間信仰のほかに、仏教、ジャイナ教、ヒンドゥー教のようなインドで生まれた宗教はもちろん、キリスト教、イスラーム教——現在でも、キリスト教徒もイスラーム教徒も、ともにケーララの人口の約二割を占めている——のような外来の宗教も入り混じって、ケーララはあたかも宗教のるつぼのような様相を呈し、カーストと宗教、宗派によって分断され、宗教的不寛容が顕著であった。

またケーララのヒンドゥー教徒の社会においては、カースト制度が他に類を見ないほどに強く、カーストとしてはバラモン、ナーヤル、イーラワー、プラヤ、パラヤが主要なものであった。バラモンのなかでも最高位は、前述したシャンカラを生んだとされているナンブーディリで、人口はきわめて少ないが、ヒンドゥー教の指導者として、また上級土地権者として社会的にも経済的にも高い地位を占めていた。ナーヤルはシュードラではあるが、クシャトリヤが実質的には欠如しているケーララでは、戦争の時には武士の役割を果したり、ナンブーディリの妻問婚の相手となったり、人口全体の一五パーセントを占める、有力なカーストである。

プラヤとパラヤは、ともに不可触民であり、ヒンドゥー教徒の社会の最下層を形成している。ナーラーヤナ・グルの属するイーラワーは、同じく不可触民ではあるが、プラヤとパラヤよりも上位にあり、諸カースト中最も多くの人口――ケーララ総人口の五分の一――を占めていた。このイーラワーカーストの伝統的な職業は、ヤシ酒造り、ヤシ樹栽培であるが、多くは零細な小作人、農業労働者、雑役夫などである。なかには、伝統医学アーユル・ヴェーダやサンスクリットに通じた知識人や比較的豊かな農民もいたが、ほんの一部にすぎなかった。

ケーララのカースト制度で注目すべきことは、不浄の恐れが極端であったことである。接触(接近)によって起こる不浄化に対する恐怖が他の地方では類を見ないほどに強かった。不可触民は上位のカーストに接触することはおろか、接近することすらできず、各カースト間で接近してはならない距離が定められていた。

イーラワーの場合には、約一〇メートル以上ナンブーディリに接近することはできず、ナンブーディリやナーヤルの家、寺院、公共の沐浴場、井戸などに近づくことはできず、またナンブーディリやナーヤルが近くにいるときには、道路を歩くことすらもできなかった。またイーラワーは公共の学校にも入学できず、たとえ教育を受けたとしても就職が不可能であった。ある部族の場合には、バラモンはかれらを見るだけで穢れると考え、その接近を知らせるために鈴をつけさせたり、夜間のみ平地に出てくるようにさせたといわれる。

一九世紀のヒンドゥー教徒の社会は、このようなカースト制度と不浄の恐れによってがんじがらめになっており、ヴィヴェーカーナンダをして、「まるでインドは精神病院のようである」といわしめたほどであった。ナーラーヤナ・グルが宗教指導者・教師・社会改革者として出現したのは、多くのイーラワーが変革を願っていたまさにその時期であった。

三つのスローガン

第一のスローガン「一つのカースト（＝類）」は、イーラワーとして生まれたナーラーヤナ・グルの、そしてイーラワー全体の、血を吐く思いがこめられているまことに重い一言である。ナーラーヤナ・グルのカースト論については、次節において詳しく論ずるが、かれは、「人類には、一つのカースト」、すなわち人類には「人類」という一つの類――「カースト」を意味するサンスクリット語 jāti はまた、「類」の意味をもつ――のみがあるのであって、それはあたかも牛には牛類という一つの類があるのみというのと同様である。いわゆるカーストは単なる因習にすぎず、虚妄であると主張する。

かれが「人類には、一つのカースト」と主張するときには、人類は唯一であって、相続や家系にもとづく一切の区別・差別は虚妄にすぎない、ということを意味する。カーストは神聖な制度であるとか、変えることのできない古来の習慣の一つであるという、ナーラーヤナ・グルの同時代の改革者たちが抱いていた信仰に批判的であった。また、かれはカーストが不健全な競争を防止するという議論を排撃し、カースト制度は適性によって職業を選択することを不可能にすると主張し、利己的な理由で差別づけるカーストの支持者たちを批判した。

第二のスローガン「一つの宗教」もまた、ナーラーヤナ・グルの宗教思想のバックボーンの一つである。

当時のイーラワーは、ヒンドゥー教徒でありながらも、不可触民であったために、前述のように様々な社会的不正義にうちひしがれていた。そのために、数多くのイーラワーがすでに、より社会的平等を与えるキリスト教、仏教、イスラーム教を受け入れており、イーラワーの間にはヒンドゥー教徒でありつづけるか、他の宗教へ改宗するかという、二者択一の決断を迫る強い緊張状態がつづいた。

キリスト教宣教師の熱心な改宗勧誘はもちろん、仏教、シク教、イスラーム教からの働きかけもなされていたという。そのほかにブラフマ協会、アーリア協会、神智協会などの改革運動もケーララにおいて行なわれていた。また一八九二年には、ヴィヴェーカーナンダがケーララを訪れ、ラーマクリシュナ・ミッションが次第にその影響を及ぼしつつあった。

このような種々さまざまな宗教上の動きが、宗教間の抗争や緊張を生み出している宗教的状況に直面して、ナーラーヤナ・グルは、あらゆる宗教は同じであり、同じゴールに導くといった、一般になされている考え方を、安易に文字通りには採用しなかった。

それとは逆に、かれはまず種々の宗教伝統の存在の事実を認める。この確認の上に立って形成されたかれの宗教観によれば、

（1）種々の宗教の本質は同一であり、それを知った者は無益な争いをすることはない。

（2）各宗教は、微妙な存在の理由をもっており、いかなる宗教も力や議論によって圧服されることはない。

（3）あらゆる宗教は、究極のゴールを同じくし、そのゴールは精神的幸福である。

このような立場から、かれは次のように主張する。

あらゆる宗教は、同一のものを目指す。川が海に流入するとき、川はその別異性を失う。宗教の機能は、人々の心を上に向け、前に向けることである。それが達成されるとき、人々は

自分で真理を発見する。真理を求める者にとって宗教は道標である。しかしすでに真理に到達した人々にとっては、宗教は何の権威をももたない。かれらが宗教の創始者なのである。

この主張は、仏教の筏《いかだ》のたとえを想起させる。ナーラーヤナ・グルにとってあらゆる宗教は種々の道ではなく、単に精神的成長の正しい方向を示す道標にすぎないのである。

さらにナーラーヤナ・グルは「一つの宗教」について次のようにいう。

国家間の争いや人々のあいだの争いは、一方が他方を打ち倒したときに終息する。宗教間の争いを終息させねばならないとするならば、すべての宗教について自由な精神をもって学ばねばならない。そうだとすれば、それらのあいだに本質的にはなんら相違がないということが発見されるであろう。この発見こそが「一つの宗教」である。

ナーラーヤナ・グルの「一つの宗教」という概念は、ヴィヴェーカーナンダのそれとは異なる。ヴィヴェーカーナンダは、あらゆる宗教を自分自身の宗教である不二一元論のなかに包摂するために、宗派的議論をさけ、不二一元論を東洋のみならず、西洋をも救うことのできる宗教であると説いたのである。

それに対してナーラーヤナ・グルは、ヒンドゥー教もヴェーダーンタ哲学も、その他のいかなる既成の宗教をも、全人類を救済するものとして説くことをしなかった。また種々の信仰体系から価値ある部分を選び取って折衷的な宗教を説くこともなかった。かれは普遍的精神というものは、あらゆる宗教の背後にある唯一の目的と本質にもとづいているということを説いたのである。

この唯一の目的と本質とはなにか。第三のスローガン「一つの神」が、この問いに対するナーラーヤナ・グルの回答であると見ることができるであろう。

今まで検討した二つのスローガンは、一見したところ必ずしもシャンカラの思想の影響であるとはいえない。しかしこの最後のスローガンにおいて、シャンカラ派の哲学思想の顕著な発現を見ることができるのである。

かれは、五詩節からなっている小品『ブラフマンの知識の五詩節』の冒頭の第一詩節で、「先生、私は一体何者でしょうか。この世界は一体何処から来たのでしょうか。お答え下さい」と師に尋ねるべきであるとし、師は第二詩節でつぎのように答えている。

君は実にブラフマンである。感覚器官でもなく、意でもなく、統覚機能でもなく、識別作用でもなく、身体でもない。
生気も自我意識も非実在である。ただ単に無明によって条件づけられ、内我（＝アートマン）に附託されたものにすぎない。この世の現象世界の一切は感覚器官の対象であるが故に、粗大である。

君の外のこの世界、この顕現した世界は非実在である。かくしてアートマンのみが、蜃気楼のように、さまざまの形をとって輝き出る。

この対話は、先に引用したシャンカラの『ウパデーシャ・サーハスリー』の対話を彷彿とさせるものがある。まず「君」すなわちアートマンと、絶対者ブラフマンとの同一性を述べている。そしてブラフマン＝アートマン以外の、自我意識などの一切は、無明によってブラフマン＝アートマンに附託されたものにすぎず、そのようにして顕現している現象世界は非存在であり、虚妄である、という趣旨を詠んでいる。この考え方は正しく不二一元論の骨格をよく示している。

ナーラーヤナ・グルは体系的な論述をなさず、注釈書を著わすこともなかったが、かれの飾らない哲学詩、とくに『哲学の花輪』のなかに、不二一元論の深い理解を表明している。ナーラーヤナ・グルのいう「一つの神」は、シャンカラの「一つのブラフマン」に等しい。

以上、ナーラーヤナ・グルの宗教思想の概要を見、かれがいかなる思想を説いたかを検討した。かれは「一つのカースト」「一つの宗教」「一つの神」のおのおのに、異なった理由づけを行なっているが、しかし究極的には、「一つの神」、すなわちシャンカラの説く有・知・歓喜を本質とする、無属性の、不二のブラフマンを見ているのであろう。

シャンカラの不二一元論の立場からすれば、この一切の差別相は無明のためにブラフマンに附託されて、あたかも実在するかのように顕現しているにすぎない。最高の真理の立場に立てば、カーストや宗教や宗派の別、さまざまな神々の存在も、すべて虚妄にすぎない。実在するものは、唯一の神、宇宙の根本原理ブラフマン＝アートマンのみである、という思想が背景にあったものと思われる。

三　カースト論――シャンカラとナーラーヤナ・グル

ナーラーヤナ・グルは、自分の信奉者たちに、「シャンカラの直接の後継者」と目されていたばかりではなく、かれ自身が自分の弟子たちに「われわれが言わなければならないことは、まさしくシャンカラが言ったことである」と語ったと報告されている。ナーラーヤナ・グルの思想の中核は、前述したように、かれの有名なスローガン「人類には、一つのカースト、一つの宗教、一つの神」のなかに凝縮されていることは間違いない。ナーラーヤナ・グル自身は、これを「永遠の法」と呼んだといわれる。

ケーララ大学サンスクリット教授R・カルナーカランが出版した研究（*The Darśanamālā of Sri Narayana Guru with a Short Biography, Advaita Philosophy and Religion of the Guru*〔Sri Sankara Vidyapeetham Publication Series No.3〕. Sivagiri, Varkala: Sri Narayana Dharma Sanghan, 1983, p.36）によると、シャンカラもまた、かれのもろもろの『注解』のなかで、不二一元論の立場から「一つのカースト」を宣言したという。シャンカラは人間の本質と行為を基礎にしてのみ四姓制度（ヴァルナ）を承認しており、不可触民（チャーンダーラ）も庶民階級（ヴァイシャ）なども、高貴な本質と純粋な行為によってバラモンとなることができる、と考えていたとも、同研究は主張している。

シャンカラとナーラーヤナ・グルをインド思想史上に正しく位置づけるためには、このカルナーカランの見解が、果たして正しいか否かを、吟味しなければならない。そのためには、シャンカラとナーラーヤナ・グルのカーストに関する見解を検討してみる必要があるように思われる。

ナーラーヤナ・グルのカースト論

ナーラーヤナ・グルの宗教・社会改革運動の記念すべき最初の金字塔は、前述のように、一八八八年、三四歳のとき、アルヴィプラムに建設した一宇のシヴァ寺院である。かれはその寺院の壁に、つぎのように記した。

カーストの差別なく、宗教上の憎しみもなく、
万人が、心から兄弟のように、
ここに、この理想の場所に住む。

一九二五年、ガーンディーが、ナーラーヤナ・グルの宗教・社会改革運動の拠点となったヴァルカラのシヴァギリを訪れ、ナーラーヤナ・グルと会談した。そのときの両者の対話が残されている。それによると、ガーンディーは、ヒンドゥー教における不可触性を中心に、カーストの問題に関するナーラーヤナ・グルの意見を尋ねている。ガーンディーは人間のあいだに異なったカーストがあるのは、人間の本質によるのではないかと、ナーラーヤナ・グルに尋ね、同じ木に

あるすべての葉が似ているわけではなく、本性上大きい葉もあれば、小さい葉もある、という実例を挙げた。

そこでナーラーヤナ・グルは、その相違はほんの表面的なものであり、すべての葉の汁の性質は類似している。と同様に、人間は異なった種類に属するかのように見えるかもしれないが、基本的には、同じ本質の現われであると説明した。ガーンディーは、その議論はもっともである、と言ったと伝えられている。ガーンディーは、ヴィヴェーカーナンダと同様に、カースト批判とはいっても、その不可触性を否認するところに関心があり、古来から法典に定められた四姓制度法と生活期法を理想的なものと見なし、四姓制度に固執したのである。

さて、ナーラーヤナ・グルのカーストに関する見解を知る最良の文献は、おそらくかれの小品『カースト考』である。

一　人間にとって、人類（manuṣyatva）がそのカースト（＝ジャーティ、類）である、
　ちょうど牛にとって、牛類（gotva）が〔そのカーストである〕ように。
　バラモンなどは、人間にとって、それと同じように〔カーストであるわけ〕ではない。
　ああ、だれも〔この〕真理を知らない。

二　一つのカースト、一つの宗教、一つの神、同じ血と形をもつ人間には、

何の差別もない。

三　同じカースト（＝類）に属する動物のみが繁殖する。
このように見れば、すべての人間はひとつのカーストに属する。

四　バラモンとして生まれても、不可触民として生まれても、同じく人類に属する。
そうであれば、人間と人間のあいだで、カースト（＝類）についての差別がどこにあろうか。

五　むかし、不可触民の女から偉大な聖人パラーシャラが生まれた。
『ブラフマ・スートラ』の著者〔バーダラーヤナ〕すらも、
漁師の娘から生まれたとして有名であるように。

この第一詩節で、ナーラーヤナ・グルは「ジャーティ」(jāti) というサンスクリット語の二重の意味すなわち「カースト」と「類」を使って、牛には牛類というただひとつの類があるのみであるように、人間にも人類というただひとつの類があるのみであるという、経験的・生物学的な真理にもとづいて、いわゆるカーストはなんらの理論的根拠をもたないということを証明しようとしている。バラモンなどといったカーストの差別は、単に表面的な・外的な要素であって、別の類を構成するほどの基本的な生物学的重要性をもたないのである。

第二詩節は、ナーラーヤナ・グルの有名なスローガンで始まっており、人類の等質性と平等性を強調している。第三詩節は、生物学上の法則を適用して、あらゆる人間の同一性を証明しようとしている。第四詩節は第三詩節を敷衍している。第五詩節は、おそらくインド論理学の推論の形式を踏まえて、不可触民の女性を母とする聖者パラーシャラと漁師の娘を母とする聖者ヴィヤーサの実例を示しているのであろう。

この『カースト考』から明らかなように、ナーラーヤナ・グルの「人類には、一つのカースト」というスローガンの意味するところは、人類という類はただ一つあるのみであって、いかなる方法によってもそれがバラモン、クシャトリヤなどのように分割することはできないということである。

人類には、いかなる差別も――社会的な差別も、宗教的な差別も――成立しない。家系とか家柄とか血縁とかにもとづいているいかなる差別も、虚偽である。ナーラーヤナ・グルは、人類を差別する原理であり、不平等と階級差別の基盤となっているカースト制度を批判しつつ、通例カーストを意味するジャーティという語を、巧みに類と解することによって、その古く権威あるジャーティという観念を新たに解釈しなおすことによって、ジャーティを人類の連帯と平等の原理としたのである。

シャンカラのカースト論

カーストの問題は、哲学諸体系で論じられることはほとんどなかったといってよい。シャンカラも、かれの多くの著作のなかで、カーストの問題を、真正面から、その哲学的な議論の対象として取り上げていることはない。しかしときとしてその問題に言及していることはある。

その一つは、シュードラがヴェーダを聴聞し、学習し、その内容を知って実行することを古伝書（Smṛti）が禁止していると述べている『ブラフマ・スートラ』一・三・三四〜三八に対するかれの注釈である。シャンカラは、この個所を注釈しつつ、古伝書は、四階級全部がイティハーサとプラーナの知識を得る資格があるとみなしているが、シュードラはヴェーダに関してはこのような資格をもたないと述べている。

カルナーカランによると、『ブラフマ・スートラ』のこの個所は、「下層階級の出身であるバーダラーヤナによって書かれたはずがない。……それは他の人々によってなされた後代の追加にすぎない」し、さらにこの個所に対する「シャンカラに帰せられている『注解』は、シャンカラによって書かれたはずがない。換言すれば、『ブラフマ・スートラ』一・三・三四〜三八は、いわゆる上層三階級が、かれらの利己的な動機を貫き、かつその指導的立場を示すために、ヒンドゥー教の諸体系の正統派の者たちが後代になって追加したものらしい」と主張している。しかしカルナーカランは、この自己の主張に対する根拠をなんら挙げていないので、にわかにかれの主張を採用することはできないし、シャンカラ以後に、だれかがこの個所を追加したとは、なかなか考えがたいものがある。もし実際にシャンカラが書いたとすれば、これはあくまでもスートラに対する注解であるから、スートラの立場に忠実に従ったまでのことかもしれず、必ずしもシャンカラの真意が表現されているという保証はない。

しかし、(1)諸古伝書は、上層三階級全部に出家遊行者となることが、許されているのか、バラモンのみに許されているのか、一致していないのであるが、シャンカラは、『ブリハッド・アーラニヤカ・ウパニシャッド』(三・五・一、四・五・一五)を注解する際に、バラモンのみが出家遊行者となりうる、と明言している。

しかも注目すべきことには、右の『ブリハッド・アーラニヤカ・ウパニシャッド』三・五・一に対するシャンカラの注に対して、かれの直弟子の一人であるスレーシュヴァラは、かれの『ヴァールッティカ』(詩節一六五二)において、またアーナンダジュニャーナは、かれの『ヴァールッティカ』に対する注において、『マハーバーラタ』からの詩節を引用して、クシャトリヤも出家遊行者となることができるという見解を支持しているのである。従ってシャンカラはかれの弟子たちよりも厳格あるいは保守的であったという印象を与える。

（2）シャンカラの真作と推定される『ウパデーシャ・サーハスリー』（二・一・二）において、かれは自分の教えを受ける資格の一つとして、パラマハンサ出家遊行者であるバラモンであることを挙げている。

以上のような、シャンカラの他の著作に見られる、かなり保守的な厳しい見解と考え合わせると、『ブラフマ・スートラ注解』の見解は、シャンカラの真意であるように思われる。かれはカーストあるいは階級差別をなんの抵抗もなく受け入れていたのであろう。シャンカラはカースト、あるいは階級差別を容認していたということを、ナーラーヤナ・グル自身、はっきりと認めていたことを示唆する対話が残されているという事実は、注目にあたいする。

当時、イーラワーの不可触民の指導者たちの間で、カーストによる悲惨さから逃避するための手段として改宗が話題にのぼり、イーラワーの有力な指導者の一人であったC・V・クンジュラーマンやクマーラン・アーサンが、仏教に傾いているという噂が広がったときに、サホーダラン・アイヤッパンが、アルワエーで、このことに関して、ナーラーヤナ・グルと話し合った。その二人の対話のなかで、ナーラーヤナ・グルは、つぎのように語ったと報告されている。

……カーストは人間の上に大きな影響力を確立しました。シャンカラ師自身もこのことで間違いを犯しました。『バガヴァッド・ギーター』や『ブラフマ・スートラ』を書いたヴィヤーサすらも、四姓制度について、二つの個所で異なったことを語っています。カーストは避けなければなりません。さもなければ、救済はありません。すべての人々は同じ共同体に属しています。その状態を持続するためには、カーストは捨てなければなりません。

シャンカラの哲学的立場とカースト

以上の検討から判断すると、ナーラーヤナ・グル自身が、カーストの問題に関して、シャンカラは誤りを犯したと明言しているように、ナーラーヤナ・グルとシャンカラとは、カーストについてはかなりの距離があったと考えるべきであろう。ナーラーヤナ・グルの近くにあって、ナーラーヤナ・グルのもっとも権威ある伝記を最初に書き、その思想を広めるのに大きな貢献を果たしたナタラージャ・グルですらも、

……ウパニシャッド、『バガヴァッド・ギーター』、『ブラフマ・スートラ』に対するシャンカラの種々の『注解』を詳しく検討してみると、かれはヴェーダの祭式主義者の段階づけに基づいたカーストの差別を、まだ何か当然のこととして扱っている。

と評しており、カルナーカランのように、シャンカラも「一つのカースト」を主張したとすることは、事実を歪曲していると言わなければならないであろう。

では、本節の冒頭で述べたように、ナーラーヤナ・グル自身が、何故自分の弟子たちに、「われわれが言わなければならないことは、まさしくシャンカラが言ったことである」と語ったのであろうか。

ナーラーヤナ・グルが声を大にして叫ばねばならなかったことは、少なくともかれの有名なスローガン「人類には、一つのカースト、一つの宗教、一つの神」ということであったことは間違いない。しかも、前に引用したかれの宗教社会改革運動の最初の成果であるアルヴィプラムのシヴァ寺院の壁の文言から判断しても、不可触民出身のかれにとって、「一つのカースト」が重要なかれの主張であったことは確実である。ナーラーヤナ・グルは、カーストに関して間違いを犯したシャンカラのいかなる点を評価しているのであろうか。

シャンカラの伝記は十指を下らないが、そのなかでも、今日シャンカラ派の総本山であるシュリンゲーリ僧院で、唯一の権威あるものと認められている、マーダヴァ著『シャンカラの世界征服』というシャンカラの伝記（六・二〇～四三）は興味深い出来事を伝えている。

ある夏のこと、シャンカラがワーラーナシーで弟子たちとガンガー河に向かって歩いていたとき、一行は不可触民に出会ったので、その不可触民に道をあけるよう命じた。そのときに、その不可触民――実はシヴァ神――がシャンカラに議論を吹きかけ、不二のブラフマンを体得したものが、これはバラモン、これは不可触民という差別観をもつことはおかしい、という鋭い詰問をしたのである。そこでシャンカラは、かれが不可触民であるという観念をただちに捨てて、「全世界をアートマンとして見ることのできる人、そしてその信念に安住している人は、かれがバラモンであろうとも、不可触民であろうとも、尊敬にあたいします」と述べたという。

この伝記は、最近の研究では、一四世紀ではなくて、一八世紀の成立ともいわれているが、さまざまな信じがたい伝説に満たされており、実話であったとは信じがたい。しかし上記の事件は、人々によく知られた挿話であり、恐らくナーラーヤナ・グル自身もよく知っていたと思われる。

今一つ興味あることは、シャンカラの著作の一つとして現存している小品に『マニーシャー・パンチャカ』があるという事実である。伝説では、この作品は上記の事件を踏まえて書かれたといわれ、最初の二詩節が同じ文言で終わっている。

一　覚醒状態・夢眠状態・熟睡状態において、きわめて明らかに現われる純粋精神は、梵天で始まり蟻で終わる〔一切の生類の〕身体に覆われており、世界の目撃者である。私はまさしくその純粋精神であり、認識の対象ではない――このような確固とした智慧をもつものは、たとえチャーンダーラであろうとも、再生族であろうとも、〔私の〕師である。これが私の見解である。

二　私はまさしくブラフマンである。そしてこの全世界は、純粋精神のみのものによって展開されたものである。この一切は、残りなく、三つの構成要素からなる無明によって、私が構想したものである。このように、きわめて快く、常住で、無垢な最高者について確固たる理解をもつものは、たとえチャーンダーラであろうとも、再生族であろうとも、「私の」師である。これが私の見解である。

この作品が真作か否かを確定するには、あまりにも小品であって手掛かりがほとんどないが、この作者が、無明を三つの構成要素からなると考えている点と、最高者ブラフマンに対して「きわめて快い」という言葉を用いている点で、偽作であることはほぼ間違いないと思われる。シャンカラの伝記が真実を伝え、またこの小品が真作であるとしても——ナーラーヤナ・グルはアカデミックな学者ではなく、伝記の真実性と小品の真作性を信じていたと思われる——これらのことは必ずしもシャンカラが「一つのカースト」の立場であったと主張する根拠とはならないように思われる。なぜなら伝記の場合には、本当のチャーンダーラではなく、シヴァ神がその姿をとってかれの前に現われたにすぎず、小品の場合には、単なるレトリックと解することも可能であるからである。

しかし重要なことは、このような伝説なり、小品なりが、シャンカラをめぐって作られたという事実である。これは、おそらくかれの哲学的立場が、そのように解しうる性格をもっているという事実に由来するものであろう。

シャンカラは、先に見たように、カーストを、家系、生活期、浄化式などと同様に、単にアートマンの限定的添性（upādhi）にすぎず、人間の本質アートマンにはなんら関係がないものとみなしている。シャンカラは、その不二一元論の立場からいえば、アートマンは、カースト・家系・浄化式などの差別とはまったく関係がなく、それらは単に身体に属するものであることを充分に知っており、また知っているばかりではなく、入門してくる選ばれた、バラモンの息子である弟子に、まずまっさきに、そのようなアートマンの同一視は無明に由来することを徹底的に教えようとしているのである。

ナーラーヤナ・グルが、自分の弟子たちに「われわれが言わなければならないことは、まさしくシャンカラが言ったことである」と言ったのは、このようなシャンカラの本来の哲学的立場を念頭においていたのであろう。

四　むすび

以上検討したように、シャンカラの不二一元論の立場はまさしく、ナーラーヤナ・グルの主張するところと一致してはいる。しかし実際の日常生活の立場においては、シャンカラは、前述したようにかなり厳格に階級差別に固執した。著しく仏教化したヴェーダーンタ哲学の伝統を、本来の正統バラモンのヴェーダーンタ哲学へ大きく転回させようと努力したシャンカラが、ヴェーダを法源とする法典に定められた四姓制度と生活期制度に固執したのも、当時の社会的・歴史的状況からみれば当然であった。

シャンカラは自分の教説を都市の住民に説こうとはしなかった。都市においては、衰えたとはいえ仏教の勢力はまだ強いものがあり、また、商工業者の間では、ジャイナ教が支配的であった。一般庶民のあいだには、通俗的なヒンドゥー教が信奉されていた。都市にはまた快楽主義者が横行していた。

シャンカラは主として、世を捨てた出家遊行者のあいだに、選ばれた出家遊行者にのみ、自分の不二一元論を教示したようである。シャンカラは、閉ざされた社会のなかで、「一つのカースト」ではなく、「一つのブラフマン」を唱導していたのである。「一つのブラフマン」の教説は、社会的には「一つのカースト」へ、宗教的には「一つの宗教」への道を開くものであった。シャンカラはまだそのことに気付いていなかったのである。

シャンカラの「一つのブラフマン」の教説は、開かれた社会のなかで「一つのダイヴァム(Daivam, 神)」と、「ダイヴァム」も本来はサンスクリットに由来する語であるとはいえ、一般民衆が理解できるマラヤーラム語に翻訳してバラモン色を払拭し、さらにそれを「一つのカースト」「一つの宗教」へと展開し、かつそれを実践に移したのはナーラーヤナ・グルであった。これこそがインド思想史上におけるナーラーヤナ・グルの不滅の功績である。シャンカラからナーラーヤナ・グルまでに、実におよそ一〇〇〇年の歳月が必要であったことは驚くべきことである。

かつてナーラーヤナ・グルは、かれの弟子たちにいった。

あなたたちのなかには、私がまだ、このカーストに属しているとか、あの宗教を信奉しているとか、考えている人もありましょう。私がそのような差別観を捨ててから、もう何年にもなります。私はまた、私のアーシュラムで、入団する人々にはこのような限定を持たせないように配慮いたしました。

カースト、宗教、宗派、あるいは神に関する一切の差別は、実在するかのように見える。しかし不二一元論の立場からすれば、それらはすべて虚偽であり、実在しない。それらはすべて、無明のために、唯一の絶対者に附託されたものにすぎない。ナーラーヤナ・グルはかれの主著『哲学の花環』三・一〇で明言している。

唯一者のみが実在し、第二のものは実在しない。けだし実在しないものが実在するもののように見える。シヴァ神のリンガは石にすぎない。石工によって作られた第二のものではない。

不二一元論の立場からすれば、われわれが究極の真理に到達できるとするならば、それは、人間と人間、宗教と宗教、神と神のあいだに区別をつけることによってではなくて、実在と非実在、真理と虚偽、すなわちアートマンと非アートマンとを明確に区別し、識別することによってのみである。

終章

インド思想の根底にあるもの

一　二つの思想伝統

かつて、仏教研究者として有名なT・R・V・ムールティが、その著 *The Central Philosophy of Buddhism* (London: George Allen and Unwin Ltd., 1974, pp.10-35) のなかで、インド思想には二つの主要な思想伝統がある、と指摘している。一つは、ウパニシャッドのアートマン論に起源をもち、正統バラモン教の伝統に従うサーンキヤ哲学やヴェーダーンタ哲学などの諸体系であり、今一つは、無我論に起源をもつ仏教の思想伝統である（なおムールティは、第三の思想伝統としてジャイナ教を考えている）。

しかしこのようにムールティが二つの伝統をはっきり明確に区別しているにもかかわらず、アートマン論の強力な主張者であり、いわゆる正統派（Āstika）の代表であるヴェーダーンタ学派と、無我論の強力な推進者であり、非正統派（Nāstika）の代表である仏教とは、古代第二期から中世にかけて驚くべきほどの類似性を示すにいたっている。

その大きな理由は、長い歴史のなかで、さまざまな歴史的・社会的・政治的条件のもとに、両伝統が相互に影響しあい、融合しあい、次第に接近したことによると、想定することは妥当である。また実際ある程度までは、その過程を説明することができるように思われる。

初期仏教の基本的な立場の一つは形而上学の問題に関する判断の中止（無記）であるといわれている。この立場からいえば、そもそもアートマンが存在するとかしないとかを問題にすることは、仏教の立場に反することになるであろう。初期仏教の専門家の研究によると、パーリ仏典中最古の層に属するとされる『スッタニパータ』の無我は、アートマンの存在を否定しているのではなくて、「執着、とくに我執を捨てる」「こだわらない」「とらわれない」という意味であるという。初期仏教時代の無我論は、ウパニシャッドでいうアートマンの存在を否定する意味では使われていないのではないかと思われる。

初期の仏教は、現実の苦からの自由、涅槃寂静を達成するところに最大の関心があり、その苦を感ずる主体の問題、あるいは輪廻の主体の問題には、判断を中止している。したがって初期の無我説はアートマン論と対立する概念ではなかったようである。

しかし時代が下るにつれて変化をまぬがれず、アビダルマの時代になれば、無我論はアートマンは存在しないという、その本来の意味をもつにいたった。しかし無我論を証明するためにかえって実体的なダルマ（法）、すなわち存在の要素が実在することを主張することになり、大乗仏教にいたってナーガールジュナ（龍樹、一五〇〜二五〇）が、そのダルマ実在論を手厳しく批判し、一切のものは固有・不変の実体をもたないとする空の思想が、大乗仏教すべての根底にある主張として確立した。

しかし初期仏教の時代に、苦の主体について沈黙し、あるいは判断を中止したように、ナーガールジュナが明確にしなかったことの一つは、一切のものは空であると見る主体はなにかという問題であった。その結果、ナーガールジュナが明確にしなかったものを、空の立場にたって明らかにしようとして説かれてくるのが、大乗仏教の瑜伽行派の唯識説や如来蔵思想（仏性）であった。

唯識説は、現実の存在の根底にアーラヤ識という精神原理を想定し、一切万有は識によって顕現したものにすぎないとする思想であり、如来蔵思想は、すべての衆生には如来（＝仏）となる可能性があるとする思想であって、仏教は、初期仏教で判断の中止をしていた苦の主体の問題、認識の主体の問題――それは、ヴェーダーンタ哲学では、アートマンの問題であり、かつそれは取りも直さずブラフマンの問題である――を取り上げるにいたったのである。

瑜伽行派が、この問題に取り組まざるを得なかったのは、グプタ王朝時代における仏教の社会的勢力の衰退と、グプタ王朝の支援を受けたバラモン教の復興・ヒンドゥー教の興隆を背景に起こってきた仏教のバラモン教化ないしヴェーダーンタ化――換言すれば、いわゆるサンスクリタイゼイション――の動きがあったからであるように思われる。かくして仏教は、大雑把にいえば、アビダルマの多元論から、ナーガールジュナの空の思想による否定を介して瑜伽行派のアーラヤ識一元論へと転換されていったのである。

仏教のヴェーダーンタ哲学への接近は、遅くとも『楞伽経《りょうがきょう》』の時代にははっきりと認められる。『楞伽経』は四〇〇年頃までに成立したと考えられているようであるが、そのなかで「如来蔵」が、ときとしてアーラヤ識と同一視されているばかりか、その如来蔵の定義がヴェーダーンタにおけるブラフマンの定義と非常によく似ているのである。しかも如来の異名として、ブラフマン、ヴィシュヌ、イーシュヴァラを用い、さらに究極の境地を最高のブラフマンとするにいたっている。しかも同経のなかで、大慧菩薩が、世尊に対して、如来蔵の説は、外道のアートマン論と等しくはないか、という質問をすら発しているのである。

他方、その源流が紀元前三世紀ころまでさかのぼるとされているヴェーダーンタ学派は、『楞伽経』と相前後して現在の形に編纂されたと推定される『ブラフマ・スートラ』(四〇〇〜四五〇ころ現形成立)によって、当時有力であったサーンキヤ学派に対抗して、ウパニシャッドにもとづきつつブラフマン一元論の体系を確立した。しかしこの実在論的一元論は、ブラフマンとアートマンの関係を不一不異と見る、いわば二元論的一元論である。

ヴェーダーンタ学派は、その二元論的一元論をさらに否定してウパニシャッドの「梵我一如」の思想、換言すれば、絶対一元論に徹底していく過程において、よりすぐれた理論体系をもって、同じく一元論化しつつあった仏教に接近し、それを摂取して仏教化していったのではないかと推定される。ヴェーダーンタが仏教化していったその過程は、各章ごとに仏教化の度合いを強めていく、ガウダパーダ（六四〇〜六九〇）の、四つの章からなる『マーンドゥーキヤ頌』のなかに反映している。そしてヴェーダーンタ学派の仏教化は、現存している資料で見る限りは、同『頌』の第四章において頂点に達しているのである。

八世紀に南インドに生まれたシャンカラが目の当たりにしたのは、クマーリラ等の卓越した理論家を得て、日の出の勢いのミーマーンサー学派と、急速に一般大衆のあいだに強大化していく、ややもすればヴェーダの伝統をないがしろにする大衆的ヒンドゥー教の大波と、衰退の一途を辿りクマーリラ等から強力な攻撃を受けていた仏教と、そしてシャンカラが活躍するはるか以前に、仏教説と見なすことができるほどに見るも無残に、徹底的に仏教化していたヴェーダーンタ学派とであったと推測される。

現在のところ確証はないが、かつて一九世紀に、ダヤーナンダ・サラスヴァティー（一八二八〜一八八三）が、ヒンドゥー教の堕落を痛撃し、「ヴェーダに帰れ」と絶叫したように、シャンカラもまた、あまりにも仏教化したヴェーダーンタ学派の現状を見て、「ヴェーダに帰れ」と叫んだのではないかと思われる。シャンカラは無残に仏教化したヴェーダーンタ哲学を目の前にして、それを本来のヴェーダーンタ哲学へ大きく転回させようとした、ヴェーダーンタ哲学史上一時期を画する改革者であった。実際かれほど沢山のウパニシャッドに『注解』を残しているものはいないことが、そのことを傍証しているのではなかろうか。

「仮面の仏教徒」と他学派から批判されるシャンカラの哲学が仏教説と似ているのは、かれが直接的に仏教から影響を受けたからではなく、『マーンドゥーキヤ頌』にたいする『注解』で顕著に見られるように、かれは『マーンドゥーキヤ頌』のような作品中の仏教的要素を排除することなく、その仏教的要素にヴェーダーンタ哲学的性格を与えて、自らの体系の中に包摂してしまったからである。かくして『ブラフマ・スートラ』で確立された伝統的なヴェーダーンタ哲学、すなわち実在論的一元論は、シャンカラによって幻影主義的一元論である不二一元論に変容されたのである。

換言すればシャンカラは、ブラフマンとアートマンとは、全体と部分のように、同一ではなく、かつまた全く別のものでもないという関係にある（不一不異）とするヴェーダーンタ哲学の伝統説を、ウパニシャッドの中心的教説といわれる梵我一如の説を理論的に徹底させた不二一元論へと転換させることによって、ウパニシャッドの精神に立ち返ったのである。

シャンカラが、不二一元論は仏教説に類似しているといわれていることは認めながらも、自らはその類似性を承認せず、「不二の、最高の立場の真理はウパニシャッドにおいてのみ知られる」と主張する理由は、仏教化したヴェーダーンタ哲学を改革して、ウパニシャッドの解釈学として出発した本来のヴェーダーンタ哲学を復興させたという確信からきているのであろう。

以上のような過程をへて、二つの伝統は接近し、シャンカラがその事実を承認しようとしまいと、二つの伝統は類似したものとなってしまったものと推測される。

二　インド思想の根底にあるもの

ヴェーダーンタと仏教の本質的相違は、アートマンとアーラヤ識との概念にあり、さらにまたその絶対的権威と仰ぐ知識根拠にある。アートマンの本質もまた純粋精神（caitanya, jñāna, vijñāna）であるから、アートマンとアーラヤ識との対立は、些細なもののように受け取られる可能性があるかもしれない。しかし極めて根の深いもののように筆者には思われる。

ムールティは、両思想伝統を検討した後で、両者の絶対者に関しての類似性を認めながらも、「まったく異なった背景をもった伝統と実在の概念をもっているので、どちらの側も、他の側から、いかなる教義上の内容をも受容することはできなかった、というのがわれわれの主張である」と結論している。しかしかれは、その「まったく異なった背景」について考察することをしていない。

結論を先取りしていえば、筆者には、アートマンとアーラヤ識との対立は、『リグ・ヴェーダ』の宇宙開闢論に端を発する、有と無との長い伝統をもつ対立にまでさかのぼるのではないか、インド思想の根底には、この有と無の対立があるのではないか、と思われる。そこでその両者の相剋についてしばらく検討を加えたいと思う。

三　有と無の相剋

アメリカのインド学者W・N・ブラウン博士によると、ヴェーダの詩人たちは、二つの対立物を考えていた。すなわち生があり、死がある。創造され、宇宙の理法（リタ ṛta）が支配する、秩序あり、光のある世界がある。その下に、いまだ創造されない、宇宙の理法が支配しない（anṛta）、秩序のない、光のない消滅の場所がある。前者は神々によって支配されており、後者は破壊と悪魔の場所である。ヴェーダの詩人は、前者を愛し、後者を恐れた。前者は有（sat）、後者は無（asat）と呼ばれている。コスモスとカオスと置き換えることも可能であろう。

このような、現実に人間によって経験される有と無とは、いかにして成立したのであろうか。このことを説明するために、ブラウン博士は、『リグ・ヴェーダ』のなかにある、有名な「インドラと悪魔ヴリトラ神話」（本書三七〜三八ページ）を取り上げる。それによると、有の世界を構成するもの――すなわち太陽と水――は、宇宙の創造以前には、悪魔ヴリトラによって覆い隠され閉じ込められていた。神々は、秩序ある世界を創造しようとしたが、まず最初にそれを阻んでいる悪魔ヴリトラを殺さねばならなかった。そこでインドラは、神酒ソーマで力を得、神々に助けられて悪魔ヴリトラを殺した。そのとき水と太陽が解放され、宇宙の理法（リタ）が、ヴァルナ神を守護者として確立された。このときインドラは無を有となしたのである。すなわち無と有を分離したのである。このようにして、秩序のない混沌とした無は二分され、一方は平坦な大地と空間と天からなる秩序ある宇宙（sat）となり、他方はこの宇宙の下にある暗くて寒い破壊の場所（asat）となったのである。

やがて人々はこの神話に満足しなくなり、有と無の間の区別について、さらに非人格的な説明を追究することになった。ブラウン博士によると、この結果が、第一章で扱った、かの有名な「ナーサディーヤ讃歌」（一〇・一二九）である。この讃歌によれば、人格神的な悪魔ヴリトラもインドラも登場せず、有とも無ともいえない原初の状態において、自分自身の熱の力で生まれた、有も無も超越した中性的な「かの唯一なるもの」が登場し、これが宇宙の創造、すなわち無から有を分離することを行なうのである。聖賢たちは、熟慮して、有と無との親縁関係を発見したのである。

『リグ・ヴェーダ』によると、「神々の原始の時代において、有は無から生じた」(一〇・七二・二〜三)と明言されている。『アタルヴァ・ヴェーダ』では、「その中に無と有とを含むスカンバを説け」(一〇・七・一〇)といって、宇宙の支柱スカンバは無と有の両者を含んでいることを示し、他の個所では、ブラフマンを「有と無との母胎」(四・一・一、五・六・一)と讃え、また「有は無に安立し、生類は有に安立する」(一七・一・一九)とも説かれ、また「無より生ぜるそれ等の神は実に偉大なり」(一〇・七・二五)とも説かれている。

ブラーフマナ文献にいたっては、この一般的風潮にしたがい、「無」もまた一種の根本的原理と目され、「無」を始めとする多数の創造神話を伝えている(例えば、『タイッティリーヤ・ブラーフマナ』二・二・九・一)。

ウパニシャッドにおいてもこの思想は継承され、「太初においてこの〔宇宙〕は無であった。それから実に有が生じた」(『タイッティリーヤ・ウパニシャッド』二・七)、あるいは「太初においてこの〔宇宙〕は無であった。それは有(=実在)となった」(『チャーンドーギヤ・ウパニシャッド』三・一九・一)といわれている。

このような無を宇宙の根本原理とする考えが『リグ・ヴェーダ』以来一般的になっていたよう

に思われる。この主張を真向から否定したのが、有名なウパニシャッドの哲人ウッダーラカ・アールニであった。かれは、その息子シュヴェータケートゥに「有の哲学」を説き聞かせ、太初においてこの宇宙は有のみであって、無から有が生じたとする主張を強く否定している（『チャーンドーギヤ・ウパニシャッド』六・二・一〜二）。ウッダーラカ・アールニのこの有の哲学は、正統バラモンの伝統説として定着し、逆に無の哲学は、思想界の檜舞台からおりることになったのではないかと推測される。

しかしながら、筆者の仮説であるが、この無の哲学の思想伝統は、思想界の檜舞台を下りたとはいえ、そこで消滅したのではなく、形を変えて継承されていったのではないか、これが唯物論・ジャイナ教・仏教といういわゆる非正統派のなかに受け継がれていったのではないかと推定される。さらに正統派のなかでも、因中無果論にもとづいて集合説を主張するニヤーヤ学派とヴァイシェーシカ学派もまたこの流れのなかにあるのであろう。瑜伽行派のアーラヤ識も、この無の伝統のなかにあるのではないか。

そもそも有と無とは、『リグ・ヴェーダ』の讃歌がいみじくも示しているように、いわゆる「有」と「無」を超越していて、本来区別できない「かの唯一のもの」であり、『アタルヴァ・ヴェーダ』の表現を用いれば、有も無もブラフマンを母胎としている一卵性の双生児――というよりむしろ癒合双生児である。一枚の紙の表裏の関係にあるものである。正統バラモンの思惟は、同じ一枚の紙を表から見ているのに対して、仏教徒は逆に、同じ一枚の紙を裏から見ているのではないか。シャンカラの見る紙も、世親の見る紙も、同じ紙であるが、表と裏をそれぞれに見ているのではないかと思われる。

四　むすび

インド思想の根底には、ヴェーダ時代以来、宇宙の根源を、あるいは人間存在の根源を、無に求める流れと有に求める流れとがあった。ともに正統バラモンの思想伝統であったが、ウパニシャッドにいたるまでは、宇宙の根源を、あるいは人間存在の根源を、むしろ無に求める流れの方が優勢であった。しかしウパニシャッドにおいてウッダーラカ・アールニが無の哲学を否定し、有の哲学を唱導したのを境として、正統バラモン系統は有の立場を取り、それに対立する仏教などは、無の立場を取ってきているのではないかと推定される。

ムールティのいう「まったく異なった背景」を、有と無の伝統であると想定するとき、ヴェーダーンタと仏教とが、ひいてはヒンドゥー思想と仏教思想とが、きわめて類似しながらも、無視できない相違がある理由をよく理解できるように思われる。インド思想の根底にあるもの、それは、有と無の流れである。

しかし有と無とは、論理的には全く相対立する概念であるが、本来は、その根源にさかのぼれば、未分化の唯一のものであり、太初において、インドラ神によってひき離されたものであることを、忘れるべきではないと思う。二つの思想伝統はともに、人間の日常の論理の世界、主観・客観の世界、無明の世界、戯論の世界、有無の世界を超越したところにある、解脱の世界を、涅槃の世界を、求めているのである。

インド思想史年表

インド史の動向

BC	
二三〇〇頃〜一八〇〇頃	中心にインダス文明
一三〇〇頃	中心にアーリア人の進入
一二〇〇頃	中心に『リグ・ヴェーダ』編纂
一〇〇〇頃	アーリア人ガンガー河流域に進出
五〇〇頃	都市の成立
三二七	アレキサンダー大王のインド侵入

インド思想史の動向

古代第一期：哲学的思惟の形成時代（—一二〇〇AD）

一　ヴェーダの宗教と思想（バラモン教）

(一)『リグ・ヴェーダ』の宗教と思想の萌芽

(二)『アタルヴァ・ヴェーダ』とブラーフマナ文献

(三)ウパニシャッドの哲学思想

二　反ヴェーダ的自由思想の成立

(一)自由思想家（沙門）の輩出

(二)マハーヴィーラのジャイナ教

(三)ゴータマ・ブッダの仏教

三一七　マウリア王朝（三一七—一八〇）

二六八　アショーカ王（—二三二在位）

一八〇

一六〇　メナンドロス王

AD

六〇　クシャーナ王朝（六〇—二〇〇）

一二九　カニシカ王（—一五二）

二〇〇

三二〇　グプタ王朝（三二〇—五五〇）

三　政治思想と法思想

四　ヒンドゥー教の成立（三—二世紀頃）

㈠法典

㈡民衆の思想：国民的二大叙事詩・プラーナ

五　大乗仏教の成立と大乗経典（一世紀頃）

一二〇　古代第二期：哲学体系の確立と展開の時代（—六〇〇）

一　仏教の諸体系

㈠部派仏教の存在論（『大毘婆沙論』一五〇頃）

㈡中観派（龍樹一五〇—二五〇）の空性論

㈢瑜伽行派（無着三一〇—三九〇）の唯識説

㈣如来蔵思想

二　正統バラモン系統の諸体系

㈠サーンキヤ学派の二元論　㈡ヨーガ学派の実践論

㈢ニヤーヤ学派の論理学　㈣ヴァイシェーシカ学派の自然哲

四八〇—五四〇　フン族の侵入

六〇六　ハルシャ王（—六四七在位）

六〇〇

六二九　玄奘インド滞在（—六四五）

六七一　義浄インド旅行（—六九五）

八C頃イスラーム教徒西北インド侵入

一一C頃イスラーム教徒インドの中央部に侵入

学　㈤ミーマーンサー学派の祭事哲学　㈥ヴェーダーンタ学派の一元論　㈦文法学派の言語哲学

三　ジャイナ教の不定主義と多元論

中世第一期：中世的宗教思想の発達の時代（—一二〇〇）

一　諸学派の継続的発展
㈠諸学派の動向
㈡シャンカラ（七〇〇—七五〇）の不二一元論
㈢論理学をめぐる諸学派の交渉

二　シヴァ教諸派の宗教思想
㈠シヴァ聖典派　㈡カシュミール・シヴァ派
㈢パーシュパタ派　㈣ヴィーラ・シャイヴァ
㈤水銀派

三　タントリズム

四　ヴィシュヌ教諸派の宗教思想
㈠バーガヴァタ派
㈡パンチャラートラ派とアールヴァール

五　密教の成立（『大日経』訳出七二四）および仏教の衰退

一二〇〇　中世第二期：イスラーム教の浸透と思想の変容の時代（—一八〇〇）

一二〇三　ヴィクラマシラー寺焼却
一二〇六　奴隷王朝の成立（—一二九〇）
一三三六　ヴィジャヤナガル王朝（—一六四九）
デリー・サルタナット（一二〇六—一八五八）
一五二六　ムガル王朝（—一八五八）
一五五六　アクバル統治（—一六〇五）
一六〇〇　東インド会社設立（英国）
一七五七　プラッシーの闘い

一　諸哲学体系の動向
㈠伝統的諸学派の動向
㈡ラーマーヌジャ（一〇一七—一一三七）の被限定者不二一元論
㈢マドゥヴァ（一二三七—一三一七）の多元論的実在論
㈣ニムバールカ（一四C？）の本質的不一不異論

二　外来思想のインド的展開と近代的思惟の萌芽
㈠イスラーム神秘主義
㈡ヴァッラバ（一四七三—一五三一）の純粋不二一元論
㈢チャイタニヤ（一四八五—一五三三）派の不可思議不一不異論
㈣ラーマーナンダ（一四〇〇—一四七〇）の宗教改革
㈤カビール（一四四〇—一五一八）の宗教改革と宗教統一論
㈥シク教（ナーナク一四六九—一五三八）の宗教思想
㈦ダーラー・シコー（一六一五—一六五九）の宗教融合論
㈧パールシーの宗教思想

一八〇〇	近・現代：西洋文明との接触と思想の変革の時代（―現在）
一八五七	セポイの反乱（―一八五九）
一八五八	ムガル王朝滅亡、インド英国の直轄植民地に
一八七七	イギリス・インド帝国の成立
一九四七	インド・パキスタン分離独立
一九五〇	インド憲法施行

近・現代：西洋文明との接触と思想の変革の時代（―現在）

一　宗教改革運動

㈠ラーム・モーハン・ローイ（一七七二―一八三三）

㈡ダヤーナンダ・サラスヴァティー（一八二四―一八八三）

㈢ナーラーヤナ・グル（一八五四―一九二八）

二　神秘思想

㈠ラーマクリシュナ（一八三六―一八八六）

㈡ラマナ・マハルシ（一八七九―一九五〇）

三　ナショナリズムとネオ＝ヒンドゥイズム

㈠ヴィヴェーカーナンダ（一八六三―一九〇二）

㈡オーロビンド・ゴーシュ（一八七二―一九五〇）

㈢ガーンディー（一八六九―一九四八）

㈣タゴール（一八六一―一九四一）

㈤ラーダークリシュナン（一八八八―一九七七）

四　イクバール（一八七三―一九三八）とイスラームの復興

参考文献

赤松明彦・山上証道「ニヤーヤ学派の知識論」（長尾雅人他編『インド思想1』〔『岩波講座・東洋思想』第五巻〕岩波書店、一九八八、一九七―二三四ページ）
井狩弥介「輪廻と業」（長尾雅人他編『インド思想2』〔『岩波講座・東洋思想』第六巻〕岩波書店、一九八八、二七六―三〇六ページ）
伊藤正二「近代ケーララにおける宗教・社会改革運動」（『思想』六五一号、一九七八、五八―七六ページ）
桂紹隆『インド人の論理学――問答法から帰納法へ』〔中公新書一四四二〕中央公論社、一九九八
金倉円照訳「タルカ・バーシャー――印度の論証法」（『東北大学文学部研究年報』第一号、一九五一、六七―一三三ページ）
辛島昇編『インド入門』東京大学出版会、一九七七
辛島昇編『インド世界の歴史像』〔『民族の世界史』七〕山川出版社、一九八五
辛島昇編『南アジア史』〔『新版世界各国史』七〕山川出版社、二〇〇四
倉嶋厚『アジアの気候』古今書院、一九六四
辻直四郎『インド文明の曙――ヴェーダとウパニシャッド』〔岩波新書六一九〕岩波書店、一九六七
辻直四郎『リグ・ヴェーダ讃歌』〔岩波文庫六〇―一〕岩波書店、一九七〇
長尾雅人他編『インド思想1～3』〔『岩波講座・東洋思想』第五～七巻〕岩波書店、一九八八～一九八九
長尾雅人・中村元監修、三枝充悳編集『講座仏教思想　第二巻　認識論・論理学』理想社、一九七五
中村元『インド思想の諸問題』〔『中村元選集』第一〇巻〕春秋社、一九六七
中村元『インド思想史』第二版〔岩波全書二一三〕岩波書店、一九六八

中村元『古代思想』（『中村元選集』第一七巻・世界思想史一）春秋社、一九七四
中村元『ヒンドゥー教史』（『世界宗教史叢書』六）山川出版社、一九七九
中村元『ことばの形而上学』第三刷、岩波書店、一九八一
中村元「インド論理学の理解のために　Iダルマキールティ『論理学小論』（Nyāyabindu）、IIインド論理学・術語集成——邦訳のこころみ」『法華文化研究』七／九号、立正大学法華経文化研究所、一九八一／一九八三
中村元『インド人の思惟方法　東洋人の思惟方法I』（『中村元選集［決定版］』第一巻）春秋社、一九八九
中村元『ヴェーダの思想』（『中村元選集［決定版］』第八巻）春秋社、一九八九
中村元『シャンカラの思想』岩波書店、一九八九
中村元『ウパニシャッドの思想』（『中村元選集［決定版］』第九巻）春秋社、一九九〇
中村元『論理の構造』上・下、青土社、二〇〇〇
服部正明『古代インドの神秘思想——初期ウパニシャッドの世界』（講談社現代新書五二九）講談社、一九七九
服部正明編「言語と意味の考察」（長尾雅人他編『インド思想3』（『岩波講座・東洋思想』第七巻）岩波書店、一九八九、六六—一五五ページ）
早島鏡正・高崎直道・原実・前田專學『インド思想史』東京大学出版会、一九八二
前田專學『ヴェーダーンタの哲学』（サーラ叢書二四）平楽寺書店、一九八〇
前田專學「ヴェーダーンタと仏教——不二一元論派と仏教」（『仏教思想史2〈仏教と他教との対論〉』平楽寺書店、一九八〇、三二—六二ページ）
前田專學「不二一元論の近代的展開の一断面——ナーラーヤナ・グル著『洞察の花環』」（『中村瑞隆博士古稀記念論集・仏教学論集』春秋社、一九八五、五七—八四ページ）
前田專學編『東洋における人間観——インド思想と仏教を中心にして』東京大学出版会、一九八七
前田專學「シャンカラとナーラーヤナ・グル——カースト論をめぐって」（『高崎直道博士還暦記念論集・インド

学仏教学論集』春秋社、一九八七、三―一五ページ）
前田專學「人生の覚者――近代インドの宗教改革者ナーラーヤナ・グル」（『ぱどま』四六六号・在家仏教四〇周年臨時増刊、一九九一、一八一―一九九ページ）
前田專學「近代インドの宗教改革者シュリー・ナーラーヤナ・グルに就いて」（『日印文化の交流』真浄寺、一九九一、九四―一一七ページ）
前田專學「インド思想の根底にあるもの」（『春秋』三三八号、一九九一、五―一三ページ）
前田專學『ブッダ――その生涯と思想』春秋社、二〇一二
松尾義海『印度論理学の構造』印度文化研究所、一九四八
松濤誠達『ウパニシャッドの哲人』〔『人類の知的遺産』二〕講談社、一九八〇
山崎元一『インド社会と新仏教』刀水書房、一九七八
山下博司『古代インドの思想――自然・文明・宗教』〔ちくま新書一〇九八〕筑摩書房、二〇一四
吉田敦彦『天地創造99の謎――世界の神話はなぜ不滅か』〔サンポウ・ブックス九六〕産報、一九七六
渡瀬信之『マヌ法典――ヒンドゥー教世界の原型』〔中公新書九六二〕中央公論社、一九九〇
J・ゴンダ（鎧淳訳）『インド思想史』〔中公文庫五二〇〕中央公論社、一九九〇
S・ラーダークリシュナン、P・T・ラジュ編著（勝部真長、広瀬京一郎編訳）『世界の人間論I――八大思想にみる人間の探究』学陽書房、一九七八
シャンカラ著（前田專學訳）『ウパデーシャ・サーハスリー――真実の自己の探求』〔岩波文庫二六四―一〕岩波書店、一九八八
橋本泰元・宮元久義・山下博司『ヒンドゥー教の事典』東京堂出版、二〇〇五

辛島昇・前田專學・江島惠教・応地利明・小西正捷・坂田貞二・重松伸司・清水学・成沢光・山崎元一監修『新版南アジアを知る事典』平凡社、二〇一二
山下博司・岡光信子『新版インドを知る事典』東京堂出版、二〇一六

著者略歴

前田專學（まえだ せんがく）

1931年愛知県生まれ。東京大学文学部印度哲学梵文学科卒業、同大学大学院修士課程修了、米国ペンシルヴァニア大学大学院東洋学科修了（Ph.D）、文学博士。日本学士院賞、勲三等旭日中綬賞、中国社会科学院名誉研究員、韓国東国大学校感謝牌、スリランカ・ビクシュ大学名誉教授、タイ王国仏教学術功労賞、インド共和国パドマ・シュリー勲章。日本印度学仏教学会理事長、BDK英訳大蔵経編集委員長、第19期日本学術会議会員等を歴任。現在、公益財団法人中村元東方研究所理事長・東方学院院長、東京大学名誉教授、武蔵野大学名誉教授、中村元記念館館長、足利学校庠主、公益財団法人日印協会顧問。著書に、Śaṅkara's Upadeśasāhasrī, Critically ed. with Introduction and Indices（Hokuseido Press & Motilal Banarsidass）, A Thousand Teachings（University of Tokyo Press, State University of New York Press & Motilal Banarsidass）,『ヴェーダーンタの哲学』（平楽寺書店）、『インド思想史』（共著、東京大学出版会）、『インド思想入門』『ジャータカ全集３』『ブッダ』（いずれも春秋社）、『ウパデーシャ・サーハスリー』（岩波書店）など。

インド的思考

1991年10月30日　初版第1刷発行
2018年7月20日　新版第1刷発行

著　者　前田專學
発行者　澤畑吉和
発行所　株式会社春秋社
〒101-0021 東京都千代田区外神田2-18-6
電話　03-3255-9614（編集）03-3255-9611（営業）
振替　00180-6-24861
http://www.shunjusha.co.jp/
印刷所　信毎書籍印刷株式会社
製本所　ナショナル製本協同組合
装　幀　河村　誠

ISBN 978-4-393-13422-1 C0015
定価はカバー等に表示してあります

前田專學

インド思想入門

ヴェーダとウパニシャッド

いにしえより聖典として重視されているヴェーダと、そこから派生し近代西洋哲学にも影響を与えたウパニシャッドから、インド思想の源流を明快に提示する入門書。

二四〇〇円

前田專學

ブッダ

その生涯と思想

該博な知識を駆使しヴェーダやウパニシャッドの思想、社会構造や歴史などインドの幅広い文脈の中でブッダの思想と実践の真の意義を浮き彫りにする鮮やかなブッダ論。

二〇〇〇円

宮元啓一

インド最古の二大哲人

ウッダーラカ・アールニとヤージュニャヴァルキヤ

「深遠なるインド哲学」の源流、二大哲人の哲学とは。名のみ高く実際には知られることのなかった二人の実体を、本邦初流麗かつ本格的な原典訳で示す、画期的な書。

二〇〇〇円

定方晟

インド宇宙論大全

多様にして混沌の国インドを舞台に、宇宙の成り立ちから世界の終末まで、神と人と生命あるものの一切を、多数の図版と写真を交えて描く魅惑のコスモロジー。

三三〇〇円